O CAMINHO
ABERTO POR
JESUS

JOÃO

Dados Internacionais de Catalogação na Publicação (CIP)
(Câmara Brasileira do Livro, SP, Brasil)

Pagola, José Antonio
O caminho aberto por Jesus : João / José Antonio Pagola ; tradução de Lúcia Mathilde Endlich Orth. – Petrópolis, RJ : Vozes, 2013.

Título original: El camino abierto por Jesús : Juan
Bibliografia.

6ª reimpressão, 2023.

ISBN 978-85-326-4540-1

1. Bíblia. N.T. Evangelho de João – Comentários
2. Bíblia. N.T. Evangelho de João – Meditações
I. Título.

13.02784
CDD-226.507

Índices para catálogo sistemático:
1. Evangelho de João : Comentários 226.507
1. Evangelho de João : Meditações 226.507

O CAMINHO ABERTO POR JESUS
JOSÉ ANTONIO PAGOLA

JOÃO

Tradução de Lúcia Mathilde Endlich Orth

Petrópolis

© José Antonio Pagola / PPC Editorial y Distribuidora, 2012.
Título do original espanhol: El camino abierto por Jesús – Juan
Edição brasileira publicada sob licença de PPC Editorial y Distribuidora.
Direitos de publicação em língua portuguesa – Brasil:

2013, Editora Vozes Ltda.
Rua Frei Luís, 100
25689-900 Petrópolis, RJ
Internet: http://www.vozes.com.br
Brasil

Todos os direitos reservados. Nenhuma parte desta obra poderá ser reproduzida ou transmitida por qualquer forma e/ou quaisquer meios (eletrônico ou mecânico, incluindo fotocópia e gravação) ou arquivada em qualquer sistema ou banco de dados sem permissão escrita da editora.

Diretor editorial
Frei Antônio Moser

Editores
Aline dos Santos Carneiro
José Maria da Silva
Lídio Peretti
Marilac Loraine Oleniki

Secretário executivo
João Batista Kreuch

Editoração: Maria da Conceição B. de Sousa
Projeto gráfico: Alex M. da Silva
Capa: Ignacio Molano / Estudio SM
Arte-finalização: Editora Vozes
Ilustração: Arturo Asensio

ISBN 978-85-326-4540-1 (edição brasileira)
ISBN 978-84-288-2442-2 (edição espanhola)

Editado conforme o novo acordo ortográfico.

Este livro foi composto e impresso pela Editora Vozes Ltda.

SUMÁRIO

Apresentação, 7
Evangelho de João, 11
1 O rosto humano de Deus (1,1-18), 17
2 Testemunha da luz (1,6-8.19-28), 25
3 Batizados por Jesus (1,29-34), 33
4 O que buscais? (1,35-42), 41
5 Alegria e amor (2,1-11), 49
6 Indignação de Jesus (2,13-25), 57
7 Deus ama este mundo (3,14-21), 65
8 Jesus e a samaritana (4,5-42), 73
9 Compartilhar o pão (6,1-15), 83
10 Crer em Jesus (6,24-35), 91
11 Atração por Jesus (6,41-52), 99
12 Alimentar-nos de Jesus (6,51-58), 107
13 A quem iremos? (6,60-69), 115
14 Amigo da mulher (8,1-11), 123
15 Olhos novos (9,1-41), 131
16 A porta (10,1-10), 139
17 Bom Pastor (10,11-18), 147
18 Retornar a Jesus (10,27-30), 155
19 Chorar e confiar (11,1-45), 163

20 Atraídos por Jesus (12,20-33), 173
21 Nossa identidade (13,31-35), 181
22 Jesus é o Caminho (14,1-12), 189
23 A verdade de Jesus (14,15-21), 197
24 A paz de Jesus (14,23-29), 205
25 Permanecer em Jesus (15,1-8), 213
26 Permanecer em seu amor (15,9-17), 221
27 Testemunha da verdade (18,33-37), 229
28 Mistério de esperança (20,1-9), 237
29 Sopro de vida (20,19-23), 245
30 Não sejas incrédulo (20,19-31), 253
31 Tu me amas? (21,1-19), 261

Índice litúrgico, 269

Índice temático, 273

Apresentação

Os cristãos das primeiras comunidades se sentiam, antes de tudo, seguidores de Jesus. Para eles, crer em Jesus Cristo é entrar por seu "Caminho" seguindo seus passos. Um antigo escrito cristão, conhecido como Carta aos Hebreus, diz que é um "caminho novo e vivo". Não é o caminho transitado pelo povo de Israel no passado, mas um caminho "inaugurado por Jesus para nós" (Hb 10,20).

Este caminho cristão é um percurso que vai sendo feito, passo a passo, ao longo de toda a vida. Às vezes parece simples e fácil, outras vezes duro e difícil. No caminho há momentos de segurança e de alegria, como também horas de cansaço e desânimo. Caminhar seguindo as pegadas de Jesus é dar passos, tomar decisões, superar obstáculos, abandonar caminhos falsos, descobrir horizontes novos... Tudo faz parte do caminho. Os primeiros cristãos se esforçavam para percorrê-lo "com os olhos fixos em Jesus", pois sabiam que só Ele "inicia e consuma a fé" (Hb 12,2).

Infelizmente o cristianismo, como é vivido hoje por muitos, não suscita "seguidores" de Jesus, mas só "adeptos de uma religião". Não gera discípulos que, identificados com seu projeto, se dispõem a abrir caminhos ao reino de Deus, mas membros de uma instituição que cumprem de modo melhor ou pior suas obrigações religiosas. Muitos deles correm o risco de jamais conhecer a experiência cristã mais originária e apaixonante: entrar pelo caminho aberto por Jesus.

A renovação da Igreja está exigindo de nós, hoje, que passemos de comunidades formadas em sua maioria por "adeptos", para comunidades de "discípulos" e "seguidores" de Jesus. Só assim vamos aprender a viver mais identificados com seu projeto, menos escravos de um passado nem sempre fiel ao Evangelho e mais livres de medos e imposições que podem impedir-nos de ouvir seu convite à conversão.

A Igreja não possui o vigor espiritual necessário para enfrentar os desafios do momento atual. Sem dúvida são muitos os fatores, tanto dentro como fora dela, que podem explicar esta mediocridade espiritual, mas provavelmente a causa principal esteja na falta de adesão vital a Jesus Cristo. Muitos cristãos não conhecem a energia dinamizadora que se encerra em Jesus quando Ele é vivido e seguido por seus discípulos a partir de um contato íntimo e vital. Muitas comunidades cristãs nem sequer suspeitam a transformação que hoje mesmo se produziria nelas se a pessoa concreta de Jesus e seu Evangelho ocupassem o centro de sua vida.

Chegou o momento de reagir. Devemos esforçar-nos para colocar o relato de Jesus no coração dos crentes e no centro das comunidades cristãs. Precisamos fixar nosso olhar em seu rosto, sintonizar com sua vida concreta, acolher o Espírito que o anima, seguir sua trajetória de entrega ao reino de Deus até a morte e deixar-nos transformar por sua ressurreição. Para tudo isto nada pode ajudar-nos mais do que adentrar-nos no relato que os evangelistas nos oferecem.

Os quatro evangelhos constituem para os seguidores de Jesus uma obra de importância única e irrepetível. Não são livros didáticos que expõem uma doutrina acadêmica sobre Jesus. Também não são biografias redigidas para informar detalhadamente sobre sua trajetória histórica. Estes relatos nos aproximam de Jesus, tal como Ele era recordado com fé e com amor pelas primeiras gerações cristãs. Por um lado, encontramos neles o impacto causado por Jesus nos primeiros que se sentiram atraídos por Ele e o seguiram. Por outro lado, foram escritos para gerar o seguimento de novos discípulos.

Por isso os evangelhos convidam a entrar num processo de mudança, de seguimento de Jesus e de identificação com seu projeto. São relatos de conversão e, com essa mesma atitude, devem ser lidos, pregados, meditados e guardados no coração de cada crente e no seio de cada comunidade cristã. A experiência de escutar juntos os evangelhos converte-se então na força mais poderosa que uma comunidade possui para sua transformação.

Nesse contato vivo com o relato de Jesus, os crentes recebem luz e força para reproduzir hoje seu modo de vida e para abrir novos caminhos ao projeto do reino de Deus.

Este livro traz o título *O caminho aberto por Jesus* e consta de quatro volumes, dedicados sucessivamente ao Evangelho de Mateus, de Marcos, de Lucas e de João. Foi elaborado com a finalidade de ajudar a entrar pelo caminho aberto por Jesus, centrando nossa fé no seguimento de sua pessoa. Em cada volume é proposto um adentrar-se no relato de Jesus, tal como é narrado e oferecido por cada um dos evangelistas.

No comentário ao Evangelho seguimos o percurso traçado pelo evangelista, detendo-nos nas passagens que a Igreja propõe às comunidades cristãs, para serem proclamadas quando elas se reúnem para celebrar a Eucaristia dominical. Em cada passagem é oferecido o texto evangélico e cinco breves comentários com sugestões para aprofundar-se no relato de Jesus.

O leitor poderá comprovar que os comentários são redigidos a partir de chaves básicas: destacam a Boa Notícia de Deus, anunciada por Jesus, fonte inesgotável de vida e de compaixão para todos; sugerem caminhos para segui-lo, reproduzindo hoje seu modo de vida e suas atitudes; oferecem sugestões para impulsionar a renovação das comunidades cristãs acolhendo seu Espírito; recordam seus apelos concretos a comprometer-nos no projeto do reino de Deus no meio da sociedade atual; convidam a viver estes tempos de crise e incerteza arraigados na esperança em Cristo ressuscitado[1].

---

1. Pode ser consultada minha obra: *Jesus: aproximação histórica*. 5. ed. Petrópolis: Vozes, 2012, p. 489-510.

Ao escrever estas páginas pensei principalmente nas comunidades cristãs, tão necessitadas de ânimo e de um novo vigor espiritual; tive bem presentes todos aqueles crentes simples nos quais Jesus pode acender uma fé nova. Mas quis também oferecer o Evangelho de Jesus aos que vivem sem caminhos para Deus, perdidos no labirinto de uma vida desconcertada ou instalados num nível de existência em que é difícil abrir-se ao mistério último da vida. Sei que Jesus pode ser para eles a melhor notícia.

Este livro nasce de minha vontade de recuperar a Boa Notícia de Jesus para os homens e mulheres do nosso tempo. Não recebi a vocação de evangelizador para condenar, mas para libertar. Não me sinto chamado por Jesus para julgar o mundo, mas para despertar esperança. Ele não me envia para apagar a mecha que se extingue, mas para acender a fé que está querendo brotar.

EVANGELHO DE JOÃO

O Evangelho de João é bem diferente dos relatos evangélicos de Marcos, Mateus e Lucas. Encontramos, certamente, algumas semelhanças importantes, mas o enfoque do escrito, o marco da atividade de Jesus, sua linguagem e, sobretudo, seu conteúdo teológico lhe dão um caráter próprio. O Evangelho de João ilumina a pessoa de Jesus e sua atuação com uma profundidade nunca antes desenvolvida por nenhum outro evangelista.

A tradição cristã atribuiu a redação do Evangelho de João, suas três cartas e o Apocalipse, a uma só pessoa: João, o filho de Zebedeu, discípulo amado de Jesus. Não é possível saber nada com certeza. Parece que o Apocalipse foi escrito durante as perseguições do imperador Domiciano (81-99 d.C.). O Evangelho e as cartas provêm de outra fonte e foram redigidos em torno do ano 100. O Evangelho é resultado de décadas de experiência cristã, influenciada pela religião judaica e pela cultura grega. Parece que se dirige ao mundo religioso-cultural da Ásia Menor, em fins do século I. Os especialistas continuam discutindo se é João, o filho de Zebedeu, que está à origem deste escrito.

• O Evangelho de João vai recordando os ditos e os atos de Jesus "à luz de sua ressurreição". O autor nos diz que os discípulos descobriram o sentido do que aconteceu "quando Jesus ressuscitou dentre os mortos" (2,22), ou quando Ele foi glorificado" (12,16). Em termos mais concretos, explica que é o Espírito Santo, enviado pelo Pai, que vai trazendo à memória dos discípulos tudo o que Jesus lhes disse (14,26). Por isso, o autor o chama "Espírito da verdade", que dá testemunho fiel de Jesus (15,26). Portanto, devemos ler este relato de Jesus à luz da ressurreição e deixando-nos guiar pelo Espírito. Ele pode "guiar-nos para toda a verdade" que se encerra em Jesus (16,13-15).

• Jesus é a Palavra de Deus que se fez carne. João começa seu Evangelho com um prólogo no qual nos oferece uma chave muito importante para ler seu relato (1,1-18). O protagonista deste relato é um profeta enviado por Deus para falar e agir em seu nome. Mais ainda, Jesus é a Palavra de Deus que se fez carne. Deus não permaneceu calado, encerrado para sempre em seu mistério, mas quis comunicar-se conosco. Quis revelar-nos seu amor e dar-nos a conhecer seu projeto. "A Palavra de Deus se fez carne, fez sua morada entre nós e vimos sua glória" (1,14). Deus não se revelou por meio de conceitos e doutrinas sublimes. Encarnou-se na vida entranhável de Jesus, para que possam entendê-lo até os mais simples, os que sabem comover-se diante da bondade, do amor e da verdade que se encerram em Jesus. Ao percorrer este Evangelho não podemos esquecer que nas palavras e nos gestos de Jesus estamos nos encontrando com o próprio Deus.

• Jesus é o Enviado do Pai. O grande dom de Deus ao mundo, movido unicamente por seu amor. "Deus amou tanto o mundo que entregou seu Filho único, para que todo aquele que crer nele não morra, mas tenha a vida eterna. Porque Deus não enviou seu Filho ao mundo para julgar o mundo, mas para que o mundo seja salvo por Ele" (3,16-17). Estas palavras iluminam todo o relato de João. Jesus atua sempre como "Enviado do Pai". Não pronuncia suas próprias palavras, mas as palavras que escuta do Pai (14,10; 17,8.14). Não realiza suas próprias obras, mas as do Pai (5,19.36; 8,28; 14,10). Nas palavras de Jesus estamos escutando o Pai, em suas obras Ele está nos estendendo sua mão. O Pai está tão presente nele que Jesus diz a Filipe: "Quem me vê, vê o Pai" (14,9).

• Este Jesus, que vem diretamente do coração do Pai, é o único que pode revelar o Pai. É seu grande Revelador. "A Deus, ninguém jamais o viu. O Filho único de Deus que está junto ao Pai foi quem no-lo deu a conhecer" (1,18). Jesus é o rosto humano de Deus. Conhecendo Jesus de perto, vamos conhecendo a Deus. Agora sabemos como Ele nos olha quando sofremos, como nos busca quando nos perdemos, como nos compreende e perdoa quando o negamos. O evangelista nos diz que em Jesus "vimos sua glória, glória de Filho único do Pai, cheio de graça e de verdade" (1,14).

• Essa glória que Jesus recebe do Pai manifesta-se nos "sinais" que Ele realiza. Ao percorrer o Evangelho de João encontramos alguns "sinais" que não aparecem nos evangelhos sinóticos e que estão carregados de grande força reveladora. O episódio das bodas de Caná (2,1-12) constitui o começo dos "sinais". A transformação da água em vinho nos oferece a chave para captar, ao longo do Evangelho, a transformação salvadora. Entre os "sinais" realizados por Jesus, dois devem ser destacados: a cura do cego de nascença (9,1-41) e a ressurreição de Lázaro (11,1-44). No primeiro episódio Jesus se revela como a "Luz do mundo", aquele que veio para que "os cegos vejam, e os que veem se tornem cegos" (9,39). No segundo, Jesus se apresenta com esta solene proclamação: "Eu sou a ressurreição e a vida. Quem crê em mim, ainda que esteja morto, viverá" (11,25).

• Jesus vai revelando sua mensagem de salvação não só por meio dos sinais que realiza, mas por meio de suas palavras. Percorrendo o Evangelho de João vamos conhecer seu diálogo com Nicodemos (3,1-12); o diálogo com a samaritana (4,1-42); o discurso do pão da vida na sinagoga de Cafarnaum (6,22-71). Segundo o Evangelho de João, o mandamento do amor constitui a culminação de tudo o que Jesus nos comunica a partir da intimidade do Pai. Pelo menos, só nesse momento o evangelista sublinha explicitamente que Jesus lhes faz esta confidência: "Tudo o que ouvi de meu Pai eu vos dei a conhecer" (15,12-15).

• Por sua grande riqueza, temos que destacar o "discurso de despedida" a seus discípulos que começa depois do lavapés e termina com uma solene oração de Jesus pelos seus (capítulos 13-17). É aqui que encontramos os grandes temas da teologia de João: a relação única e insondável entre o Pai e seu Filho encarnado; a ação do Espírito Santo, enviado pelo Pai e pelo Filho para defender os seguidores de Jesus e conduzi-los à verdade plena; o amor fraterno, inspirado em Jesus, como distintivo da nova comunidade; a permanência dos seguidores de Jesus em suas palavras e em sua paz; a presença da comunidade no mundo sem ser do mundo... O evangelista João apresenta este discurso como o testamento de Jesus aos seus.

• Além de Revelador, o Evangelho de João apresenta Jesus como Salvador que cumpre e supera ao mesmo tempo as esperanças humanas de salvação. Desde o início, os discípulos dizem que encontraram o "Messias", e Natanael confessa que Jesus é o "Filho de Deus". Mas o evangelista não se contenta com identificar Jesus com os títulos tradicionais. Por meio de imagens bem expressivas Ele nos dá a conhecer a força salvadora de Jesus Cristo que, como Enviado do Pai, responde plenamente às necessidades fundamentais da existência humana.

• "Eu sou o pão da vida. Quem vem a mim, já não terá fome" (6,35); o ser humano busca diversos tipos de pão para alimentar sua fome profunda: só em Jesus encontrará o pão da vida que o saciará plenamente. "Eu sou a luz do mundo. Quem me segue não andará nas trevas, mas terá a luz da vida" (8,12); o ser humano necessita da luz para não errar em seu caminho; só em Jesus encontrará a luz que o guiará à vida plena. "Eu sou a porta. Quem entrar por mim será salvo" (10,9); muitas portas e caminhos são oferecidos ao ser humano, mas só se ele entrar por Jesus cruzará o umbral que o levará à salvação.

• Eu sou o Bom Pastor... eu vim para que minhas ovelhas tenham vida e a tenham em abundância" (10,10-11.15); o ser humano é frágil, indefeso e vulnerável: só em Jesus encontrará o "Bom Pastor" que lhe dá a vida que seu coração tanto deseja: "Eu sou a ressurreição. Quem crê em mim, ainda que esteja morto, viverá; e todo aquele que vive e crê em mim jamais morrerá (11,25-26): quem crê em Jesus tem a vida, não só como realidade presente, mas como plenitude futura. "Eu sou o Caminho, a Verdade e a Vida. Ninguém vem ao Pai senão por mim" (14,6). Jesus, oferecendo-nos sua vida e sua verdade, nos abre o caminho para chegar ao Pai. Depois da morte e ressurreição de Jesus, o decisivo para seus seguidores é permanecer nesse caminho, nessa verdade e nessa vida. Por isso diz Jesus a seus discípulos: "Eu sou a videira, vós os ramos. Quem permanece em mim e eu nele dá muito fruto; porque sem mim nada podeis fazer (15,5).

1
O ROSTO HUMANO DE DEUS

No princípio era a Palavra, e a Palavra estava em Deus e a Palavra era Deus. No princípio ela estava com Deus. Por meio da Palavra foram feitas todas as coisas e sem ela nada se fez do que foi feito. Nela estava a vida, e a vida era a luz dos seres humanos. A luz brilha nas trevas, mas as trevas não a compreenderam.

Surgiu um homem enviado por Deus, de nome João. Ele veio como testemunha para dar testemunho da luz, a fim de que todos cressem por meio dele. Ele não era a luz, mas veio para dar testemunho da luz. Era esta a luz verdadeira que, vindo ao mundo, ilumina todas as pessoas. Ela estava no mundo e por ela o mundo foi feito, mas o mundo não a conheceu. Veio para o que era seu, mas os seus não a receberam. Mas a todos que a receberam, aos que creem em seu nome, deu-lhes o poder de se tornarem filhos de Deus. Estes não nasceram do sangue, nem da vontade da carne, nem da vontade humana, mas de Deus.

E a Palavra se fez carne e habitou entre nós; vimos a sua glória, a glória do Filho único do Pai, cheio de graça e de verdade. João dá testemunho dele e clama: "Este é aquele de quem vos disse: O que vem depois de mim passou adiante de mim, porque existia antes de mim". Pois de sua plenitude todos nós recebemos graça sobre graça. Porque a Lei foi dada por meio de Moisés, a graça e a verdade vieram por Jesus Cristo. Ninguém jamais viu a Deus. O Filho único de Deus, que está junto ao Pai, foi quem no-lo deu a conhecer (Jo 1,1-18).

O ROSTO HUMANO DE DEUS

O quarto Evangelho começa com um prólogo muito especial. É uma espécie de hino que, desde os primeiros séculos, ajudou decisivamente os cristãos a aprofundar-se no mistério encerrado em Jesus. Se o ouvimos com fé simples, também hoje pode ajudar-nos a crer em Jesus de maneira mais profunda. Vamos deter-nos somente em algumas afirmações centrais.

"A Palavra de Deus se fez carne". Deus não é mudo. Não permaneceu calado, encerrado para sempre em seu Mistério. Deus quis comunicar-se conosco. Quis falar-nos, revelar-nos seu amor, explicar-nos seu projeto. Jesus é simplesmente o Projeto de Deus feito carne.

Mas Deus não se comunicou conosco por meio de conceitos e doutrinas sublimes que só os sábios podem entender. Sua palavra encarnou-se na vida entranhável de Jesus, para que até os mais simples possam entendê-lo, os que se comovem diante da bondade, do amor e da verdade que se encerra em sua vida.

Esta Palavra de Deus "habitou entre nós". Desapareceram as distâncias. Deus se fez "carne" e habita entre nós. Para encontrar com Ele não precisamos sair do mundo, mas aproximar-nos de Jesus. Para conhecê-lo não temos que estudar teologia, mas sintonizar com Jesus, comungar com Ele.

"Ninguém jamais viu a Deus". Os profetas, os sacerdotes, os mestres da Lei falavam muito de Deus, mas nenhum tinha visto seu rosto. O mesmo acontece hoje entre nós: na Igreja falamos muito de Deus, mas nenhum de nós o viu. Só Jesus, "o Filho de Deus, que está junto ao Pai, foi quem no-lo deu a conhecer".

Não devemos esquecer que só Jesus nos contou como é Deus. Só Ele é a fonte para aproximar-nos de seu mistério. Quantas ideias raquíticas e pouco humanas de Deus temos que desaprender para deixar-nos atrair e seduzir por esse Deus que nos é revelado em Jesus.

Como muda tudo quando captamos enfim que Jesus é o rosto humano de Deus. Tudo se torna mais simples e mais claro. Agora sabemos como

Deus nos olha quando sofremos, como nos busca quando nos perdemos, como nos entende e perdoa quando o negamos. Nele nos é revelada "a graça e a verdade" de Deus.

RECUPERAR A JESUS

Nós crentes temos imagens bem diversas de Deus. Desde crianças vamos fazendo nossa própria ideia dele, condicionados, principalmente, pelo que vamos ouvindo de catequistas e pregadores, o que nos é transmitido em casa e no colégio, ou o que vivemos nas celebrações e atos religiosos.

Todas estas imagens que nos fazemos de Deus são imperfeitas e deficientes. Temos que purificá-las sempre de novo ao longo de nossa vida. Não devemos esquecer isso nunca. O Evangelho de João nos lembra de maneira categórica uma convicção que atravessa toda a tradição bíblica: "Ninguém jamais viu a Deus".

Os teólogos falam muito de Deus, quase sempre demais. Parece que sabem tudo sobre Ele, mas na realidade nenhum teólogo viu a Deus. O mesmo sucede com os pregadores e dirigentes religiosos: eles falam com certeza quase absoluta. Parece que em seu interior não há dúvidas de nenhuma espécie, mas na realidade nenhum deles viu a Deus.

Então, como purificar nossas imagens para não desfigurar seu mistério santo? O próprio Evangelho de João nos lembra a convicção que sustenta toda a fé cristã em Deus. Só Jesus, o Filho de Deus, é "quem no-lo deu a conhecer". Em nenhum lugar Deus nos descobre seu coração e nos mostra seu rosto como em Jesus.

Deus nos disse como Ele é encarnando-se em Jesus. Não se revelou em doutrinas e fórmulas teológicas complicadas, mas na vida entranhável de Jesus, em seu comportamento e em sua mensagem, em sua entrega até a morte e em sua ressurreição. Para encontrar Deus temos de aproximar-nos desse homem concreto no qual Ele vem ao nosso encontro.

Sempre que o cristianismo esquece Jesus, corre o risco de afastar-se do Deus verdadeiro para substituí-lo por imagens empobrecidas que desfiguram seu rosto e nos impedem de colaborar em seu projeto de construir um mundo novo mais libertado, justo e fraterno. Por isso é tão urgente recuperar a humanidade de Jesus.

Não basta confessar Jesus Cristo teoricamente. Precisamos conhecê-lo a partir de uma aproximação mais concreta e vital aos evangelhos, sintonizar com seu projeto, deixar-nos animar por seu Espírito, entrar em sua relação com o Pai, segui-lo de perto dia a dia. Esta é a tarefa apaixonante de uma comunidade que vive hoje purificando sua fé. Quem conhece e segue a Jesus vai desfrutando cada vez mais da bondade insondável de Deus.

DEUS ENTRE NÓS

O evangelista João, ao falar-nos da encarnação do Filho de Deus, não nos diz nada de todo esse mundo tão familiar dos pastores, do presépio, dos anjos e do Menino Deus com Maria e José. João nos convida a penetrar nesse mistério a partir de outra profundidade.

Em Deus estava a Palavra, a Força de comunicar-se própria de Deus. Essa Palavra pôs em marcha toda a criação. Nós mesmos somos fruto dessa Palavra misteriosa. Essa Palavra agora se fez carne e habitou entre nós.

Tudo isto continua a parecer-nos muito belo para ser verdade: um Deus feito carne, identificado com nossa fraqueza, respirando nosso alento e sofrendo nossos problemas. Por isso continuamos buscando a Deus nos céus, quando Ele está aqui embaixo, na terra, bem perto de nós.

Uma das grandes contradições dos cristãos é confessar com entusiasmo a encarnação de Deus e esquecer depois que Cristo está no meio de nós. Deus desceu ao mais profundo de nossa existência, e a vida continua parecendo-nos vazia. Deus veio habitar no coração humano e sentimos um vazio interior insuportável. Deus veio reinar entre nós e parece estar totalmente ausente em nossas relações. Deus assumiu nossa carne e continuamos sem saber viver dignamente o carnal.

Também entre nós se cumprem as palavras de João: "Veio aos seus e os seus não o receberam". Deus busca acolhida em nós, mas nossa cegueira fecha as portas a Deus. E, no entanto, é possível abrir os olhos e contemplar o Filho de Deus "cheio de graça e de verdade". Quem crê, sempre vê algo. Vê a vida envolta em graça e em verdade. Tem em seus olhos uma luz para descobrir, no fundo da existência, a verdade e a graça desse Deus que plenifica tudo.

Estamos ainda cegos? Vemos só a nós mesmos? Nossa vida reflete só as pequenas preocupações que levamos em nosso coração? Deixemos que nosso coração se sinta penetrado por essa vida de Deus que também hoje quer habitar em nós.

NÃO FICARMOS DE FORA

Existem aqueles que vivem a religião "de fora". Pronunciam rezas, assistem a celebrações religiosas, ouvem falar de Deus, mas se limitam a ser "espectadores". Como diz o pensador francês Marcel Légaut, vivem tudo a partir de uma "representação extrínseca" de Deus. Não "entram" na aventura de encontrar-se com Deus. Ficam sempre a certa distância.

Mas Deus está no íntimo de cada ser humano. Não é algo separado de nossa vida. Não é uma invenção de nossa mente, uma representação meio intelectual ou meio afetiva, um jogo de nossa imaginação que nos ajuda a viver "iludidos". Deus é uma presença real que está na própria raiz de nosso ser.

Esta presença não é evidente, nem pode ser captada como podemos captar outras coisas mais superficiais. Ela é percebida na medida em que alguém se percebe a si mesmo até o fundo. Seu mistério é tão inalcançável como é o mistério de cada ser humano. Deus se torna presente a mim quando me torno presente a mim mesmo com verdade e sinceridade. Não é possível entrar na experiência de Deus se a pessoa vive permanentemente fora de si mesma.

Sem esta abertura interior a Deus não há fé viva. Só começamos a ouvir a voz de Deus quando ouvimos até o fundo nossa verdade. Deus atua em nós quando o deixamos ativar o melhor que há em nosso ser. Ele toma corpo em nossa vida na medida em que o acolhemos. Sua presença vai se configurando em cada um de nós, adaptando-se ao que o deixamos ser.

O humano e o divino não são realidades que se excluem mutuamente. Não temos que deixar de ser humanos para sermos de Deus. O humano é "a porta" que nos permite "entrar" no divino. De fato, as experiências mais intensas de comunicação, de amor humano, de dor purificadora, de beleza ou de verdade são o canal que melhor nos abre à experiência de Deus.

Não é de estranhar que o Evangelho de João apresente Cristo, Deus feito homem, como a "porta" pela qual o crente pode entrar e caminhar para Deus. Em Cristo podemos aprender a viver uma vida tão humana, tão verdadeira, tão profunda que, apesar de nossos erros e mediocridade, pode levar-nos para Deus. Mas é preciso ouvir com atenção a advertência do evangelista. A Palavra de Deus "veio ao mundo", e o mundo "não a conheceu"; "veio para o que era seu" e "os seus não a receberam".

VIVER SEM ACOLHER A LUZ

Todos nós vamos cometendo erros e desacertos, ao longo da vida. Calculamos mal as coisas. Não medimos bem as consequências de nossos atos e nos deixamos levar pelas paixões ou pela insensatez. Somos assim. Mas não são esses os erros mais graves. O pior é ter a vida planejada de maneira errônea. Vamos dar um exemplo.

Todos sabemos que a vida é um dom. Não fui eu que decidi nascer. Não me escolhi a mim mesmo. Não escolhi meus pais nem meu povo. Tudo me foi dado. Viver já é, desde sua origem, receber. A única maneira de viver sensatamente é acolher de maneira responsável o que me vem sendo dado.

Mas nem sempre pensamos assim. Achamos que a vida é algo que nos é devido. Sentimo-nos proprietários de nós mesmos. Pensamos que a maneira mais acertada de viver é organizar tudo em função de nós mesmos. Eu sou o único importante. O que importam os outros? Alguns nem sabem viver senão exigindo. Exigem e exigem sempre mais. Têm a impressão de não receber jamais o que lhes é devido. São como crianças insaciáveis que nunca estão contentes com o que têm. Não fazem senão pedir, reivindicar, lamentar-se. Sem quase dar-se conta, convertem-se pouco a pouco no centro de tudo. Eles são a fonte e a norma. Tudo deve ser subordinado a seu ego. Tudo há de ser instrumentalizado para seu proveito.

A vida da pessoa se fecha então sobre si mesma. Já não se acolhe mais o dom de cada dia. Desaparece o reconhecimento e a gratidão. Não é possível viver com o coração dilatado. Segue-se falando de amor, mas "amar" significa agora possuir, desejar o outro, colocá-lo a seu serviço.

Esta maneira de enfocar a vida leva a viver fechado a Deus. A pessoa se torna incapaz de acolher. Não crê na graça, não se abre a nada de novo, não escuta nenhuma voz, não suspeita nenhuma presença em sua vida. É o indivíduo que preenche tudo. Por isso é tão grave a advertência do Evangelho de João: "A Palavra era luz verdadeira que ilumina todas as pessoas. Ela veio ao mundo... e o mundo não a conheceu. Veio para o que era seu, mas os seus não a receberam". Nosso grande pecado é viver sem acolher a luz.

2
TESTEMUNHA DA LUZ

Surgiu um homem enviado por Deus de nome João. Ele veio como testemunha, para dar testemunho da luz, a fim de que todos cressem por meio dele. Ele não era a luz, mas veio para dar testemunho da luz.
Os judeus enviaram de Jerusalém sacerdotes e levitas para perguntar a João: "Quem és tu?" Ele confessou e não negou: "Eu não sou o Messias". Eles lhe perguntaram: "Mas então quem és? És Elias?" Ele respondeu: "Não sou". "És o Profeta?" E Ele respondeu: "Não". Disseram-lhe então: "Quem és afinal, para darmos resposta aos que nos enviaram? Que dizes de ti mesmo?" Ele disse: "Eu sou a voz que clama no deserto: aplainai o caminho do Senhor, como disse o profeta Isaías".
Os enviados eram da parte dos fariseus. Perguntaram-lhe ainda: "Se não és o Messias, nem Elias, nem o Profeta, por que então batizas?" João respondeu-lhes: "Eu batizo com água, mas no meio de vós está alguém que vós não conheceis. É aquele que vem depois de mim, que existia antes de mim e de quem não sou digno de dasatar a correia das sandálias".
Isto aconteceu em Betânia, do outro lado do Jordão, onde João batizava (Jo 1,6-8.19-28).

TESTEMUNHAS DA LUZ

É curioso como o quarto Evangelho apresenta a figura do Batista: é um "homem", sem mais qualificativos nem precisões. Nada se diz de sua origem ou de sua condição social. Ele mesmo sabe que não é importante.

Não é o Messias, não é Elias, nem sequer é o Profeta que todos estão esperando. Só se vê a si mesmo como "a voz que clama no deserto: "aplainai o caminho do Senhor". Não obstante, Deus o envia como "testemunha da luz", capaz de despertar a fé de todos. Uma pessoa que pode transmitir luz e vida. O que é ser testemunha da luz?

A testemunha é como João. Não dá importância a si mesma. Não busca ser original nem chamar a atenção. Não procura causar impacto em ninguém. Simplesmente vive sua vida de maneira convicta. Percebe-se que Deus ilumina sua vida, pois o irradia em sua maneira de viver e de crer.

A testemunha da luz não fala muito, mas é uma voz. Vive algo inconfundível. Comunica o que a faz viver. Não diz coisas sobre Deus, mas transmite "algo". Não ensina doutrina religiosa, mas convida a crer. A vida da testemunha atrai e desperta interesse. Não culpabiliza ninguém, nem condena. Transmite confiança em Deus, liberta de medos. Abre sempre caminhos. É como o Batista, "aplaina o caminho do Senhor".

A testemunha se sente frágil e limitada. Muitas vezes comprova que sua fé não encontra apoio nem eco social. Vê-se, inclusive, rodeada de indiferença ou rejeição. Mas a testemunha de Deus não julga ninguém. Não vê os outros como adversários que devem ser combatidos ou convencidos: Deus sabe como encontrar-se com cada um de seus filhos e filhas.

Diz-se que o mundo atual está se convertendo num "deserto", mas a testemunha nos revela que sabe algo de Deus e do amor, sabe algo da "fonte" e de como se acalma a sede de felicidade que existe no ser humano. A vida está cheia de pequenas testemunhas. São crentes simples, humildes, pessoas só conhecidas em sua vizinhança. Pessoas entranhavelmente boas. Vivem segundo a verdade e o amor. Elas nos "aplainam o caminho" para Deus. São o melhor que temos na Igreja.

No meio do deserto

Os grandes movimentos religiosos nasceram quase sempre no deserto. São os homens e mulheres do silêncio e da solidão que, ao ver a luz, podem converter-se em mestres e guias da humanidade. No deserto não é possível o supérfluo. No silêncio só se ouvem as perguntas essenciais. Na solidão só sobrevive quem se alimenta do interior.

No quarto Evangelho, o Batista é reduzido ao essencial. Não é o Messias, nem Elias de volta à vida, nem o Profeta esperado. É "a voz que clama no deserto". Não possui poder político, nem algum título religioso. Não fala do Templo ou da Sinagoga. Sua voz não nasce da estratégia política nem dos interesses religiosos. Vem do que o ser humano escuta quando se aprofunda no essencial.

O pressentimento do Batista pode resumir-se desta forma: "Há algo maior, mais digno e esperançoso do que o que estamos vivendo. Nossa vida deve mudar radicalmente. Não basta frequentar a sinagoga todo sábado, não adianta nada ler rotineiramente os textos sagrados, e é inútil oferecer regularmente os sacrifícios prescritos pela lei. A religião, seja qual for, não dá vida. É preciso abrir-se ao Mistério do Deus vivo.

Na sociedade da abundância e do progresso, está se tornando cada vez mais difícil escutar uma voz que venha do deserto. O que se ouve é a publicidade do supérfluo, a divulgação do trivial, o palavrório de políticos prisioneiros de sua estratégia, e até discursos religiosos interessados.

Alguém poderia pensar que já não é possível conhecer testemunhas que nos falem a partir do silêncio e da verdade de Deus. Não é assim. No meio do deserto da vida moderna podemos encontrar-nos com pessoas que irradiam sabedoria e dignidade, pois não vivem do supérfluo. Gente simples, entranhavelmente humana. Não pronunciam muitas palavras. É sua vida que fala.

Eles nos convidam, como o Batista, a deixar-nos "batizar", a submergir-nos numa vida diferente, receber um novo nome, "renascer" para não sentir-nos produto desta sociedade, nem filhos do ambiente, mas filhos e filhas queridos de Deus.

APLAINAR O CAMINHO PARA JESUS

"Entre vós há alguém que não conheceis". Estas palavras foram pronunciadas pelo Batista referindo-se a Jesus que já se encontra entre aqueles que se aproximam do Jordão para serem batizados, embora ainda não se tenha manifestado. Toda preocupação do Batista é "aplainar o caminho" para que aquela gente possa crer em Jesus. É assim que as primeiras gerações cristãs apresentam a figura do Batista.

Mas as palavras dele foram redigidas de tal forma que, lidas por nós que nos dizemos cristãos, não deixam de provocar perguntas inquietantes. Jesus está no meio de nós, mas será que o conhecemos de verdade? Comungamos com Ele e o seguimos de perto?

É verdade que na Igreja estamos sempre falando de Jesus. Teoricamente, não há nada mais importante para nós. Mas depois pode-se ver que estamos girando tanto sobre nossas ideias, projetos e atividades que muitas vezes Jesus fica em segundo plano. Somos nós mesmos que, sem dar-nos conta, o "ocultamos" com nosso protagonismo.

Talvez a maior desgraça do cristianismo seja o fato de que existem tantos homens e mulheres que se dizem "cristãos", mas não dão lugar a Jesus em seu coração. Não o conhecem, nem vibram com Ele, não são atraídos nem seduzidos por Ele. Para eles, Jesus é uma figura inerte e apagada. Está mudo. Não lhes diz nada especial que dê animo à sua vida. Sua existência não traz a marca de Jesus.

Esta Igreja precisa urgentemente de "testemunhas" de Jesus, crentes que se pareçam mais com Ele, cristãos que, com sua maneira de ser e de viver, facilitem o caminho para crer em Cristo. Necessitamos de testemunhas que falem de Deus como Ele falava, que comuniquem sua mensagem de compaixão como Ele o fazia, que transmitam confiança no Pai como Ele.

De que servem nossas catequeses e pregações, se não levam a conhecer, amar e seguir com mais fé e mais alegria a Jesus Cristo? O que resta de nossas Eucaristias, se não ajudam a comungar de maneira mais viva com Jesus, com seu projeto e com sua entrega crucificada a todos? Na Igreja ninguém é "a luz", mas todos podemos irradiá-la com nossa vida. Ninguém é "a Palavra de Deus", mas todos podemos ser uma voz que convida e anima a centrar o cristianismo em Jesus Cristo.

TESTEMUNHAS DE JESUS

A fé cristã nasceu do encontro surpreendente vivido por um grupo de homens e mulheres com Jesus. Tudo começa quando estes discípulos e discípulas se põem em contato com Ele e experimentam "a proximidade salvadora de Deus". É essa experiência libertadora, transformadora e humanizadora que eles vivem com Jesus que desencadeou tudo.

Sua fé foi despertada no meio de dúvidas, incertezas e mal-entendidos, enquanto o seguem pelos caminhos da Galileia. Foi ferida pela covardia e negação quando Jesus foi executado na cruz. Reafirma-se e torna-se contagiosa quando o experimentam cheio de vida depois de sua morte.

Se ao longo dos anos esta experiência não se transmite e se contagia de uma geração a outra, introduz-se uma ruptura trágica na história do cristianismo. Os bispos e presbíteros continuam pregando a mensagem cristã. Os teólogos escrevem estudos teológicos. Os pastores administram os sacramentos. Mas, se não há testemunhas capazes de transmitir algo do que se viveu no começo com Jesus, falta o essencial, o único que pode manter viva a fé nele.

Em nossas comunidades precisamos dessas testemunhas de Jesus. A figura do Batista, abrindo-lhe caminho no meio do povo judeu, nos anima a despertar hoje na Igreja esta vocação tão necessária. Em meio à escuridão de nossos tempos, necessitamos de "testemunhas" da luz que nos chega a partir de Jesus.

Crentes que despertam o desejo de Jesus e tornam crível sua mensagem. Cristãos que, com sua experiência pessoal, seu espírito e sua palavra, facilitem o encontro com Ele. Seguidores que o resgatem do esquecimento para torná-lo mais visível entre nós.

Testemunhas humildes que, a exemplo do Batista, não se atribuem nenhuma função que concentre a atenção em sua pessoa, roubando protagonismo a Jesus. Seguidores que não o suplantem nem o eclipsem. Cristãos sustentados e animados por Ele que deixem entrever, por trás de seus gestos e suas palavras, a presença inconfundível de Jesus vivo no meio de nós.

As testemunhas de Jesus não falam de si mesmas. Sua palavra mais importante é sempre aquela que deixam Jesus falar. Na realidade, a testemunha não tem a palavra. É só "uma voz" que anima todos a "aplainar" o caminho que pode levar-nos a Jesus. A fé de nossas comunidades também hoje se sustenta na experiência dessas testemunhas humildes e simples que, no meio de tanto desalento e desconcerto, irradiam luz, pois nos ajudam com sua vida a sentir a proximidade de Jesus.

Desconhecido

Existe algo de paradoxal na atitude de muitos contemporâneos diante da figura de Jesus Cristo. Por um lado, parte deles crê que o conhecem e não têm muito que aprender sobre Ele. Por outro lado, sua ignorância sobre a pessoa e a mensagem de Jesus é quase absoluta.

Na realidade, o que sabem sobre Ele dificilmente passa de vagas impressões que conservam desde a infância. Depois não sentiram mais nenhuma necessidade de conhecê-lo mais a fundo. Como poderão encontrar nele algo interessante para suas vidas?

Em alguns, sua figura só evoca episódios ingênuos e milagres irreais, representados mil vezes por artistas, mas muito alienados da trama da vida moderna. Jesus pode, talvez, trazer um pouco de poesia, mas, se quisermos ser eficazes, temos que buscar outros caminhos.

Será que conhecem melhor a Jesus aqueles que se consideram cristãos? Surpreende ver como os próprios praticantes reduzem frequentemente o Evangelho ao anedótico e maravilhoso, e como encerram o mistério de Jesus em imagens simplistas, bem distantes às vezes do que Ele realmente foi.

Por outro lado, enquanto algumas questões de caráter eclesiástico ou moral suscitam notável interesse, são poucos os que se interessam por conhecer com mais rigor e profundidade o próprio Jesus. Analisando a atual situação, Josep Maria Lozano se faz estas perguntas: "O que está acontecendo na Igreja, que os cristãos nos perguntam como nos afetam as palavras do papa, ao passo que quase ninguém nos pergunta como nos afetam as palavras de Jesus? O que está acontecendo que os católicos parecem mais capazes de celebrar a presença do papa que a presença de Jesus?"

É claro que nós crentes devemos dar ouvido à palavra da hierarquia e ao esforço da Igreja inteira para aplicar o Evangelho ao momento atual. Mas será que não é paradoxal deter-nos quase sempre em certas discussões, enquanto dificilmente fazemos algo para conhecer com mais rigor a mensagem e a atuação daquele que há de inspirar sempre os cristãos?

Depois de vinte séculos de cristianismo, repetimos até excessivamente o nome de Cristo, enchemos bibliotecas inteiras com estudos especializados e, às vezes, acabamos acreditando que não precisamos mais aprofundar-nos em sua pessoa e sua mensagem. Talvez também hoje possam ser repetidas as palavras do profeta: "No meio de vós está alguém que não conheceis".

3
BATIZADOS POR JESUS

Naquele tempo, João viu Jesus aproximar-se e disse: "Eis o Cordeiro de Deus que tira o pecado do mundo. É este de quem eu disse: depois de mim vem alguém que passou adiante de mim, porque existia antes de mim. Eu não o conhecia, mas se vim batizar com água, é para que Ele se torne conhecido em Israel".

E João deu testemunho, dizendo: "Eu vi o Espírito descer do céu em forma de pomba e permanecer sobre Ele. Eu não o conhecia, mas quem me enviou para batizar com água me disse: 'Aquele sobre quem vires descer o Espírito e permanecer, esse é que batiza no Espírito Santo'. Eu vi e dou testemunho de que este é o Filho de Deus" (Jo 1,29-34).

O PRIMEIRO

Alguns ambientes cristãos do primeiro século tiveram muito interesse em não serem confundidos com os seguidores do Batista. Segundo eles, a diferença era abissal. Os "batistas" viviam de um rito externo que não transformava as pessoas: um batismo de água. Os "cristãos", ao contrário, se deixavam transformar internamente pelo Espírito de Jesus.

Esquecer isto é fatal para a Igreja. O movimento de Jesus não se sustenta com doutrinas, normas ou ritos vividos a partir do exterior. É o próprio Jesus quem há de "batizar" ou impregnar seus seguidores com seu Espírito. E é esse Espírito que há de animá-los, impulsioná-los e transformá-los. Sem este "batismo do Espírito" não há cristianismo.

Não devemos esquecer que a fé que existe na Igreja não está nos documentos do magistério nem nos livros dos teólogos. A única fé real é a que o Espírito de Jesus desperta nos corações e nas mentes de seus seguidores. Esses cristãos simples e honestos, de intuição evangélica e coração compassivo, são os que de verdade "reproduzem" Jesus e introduzem seu Espírito no mundo. Eles são o melhor que temos na Igreja.

Infelizmente, há muitos outros que não conhecem por experiência essa força do Espírito de Jesus. Vivem uma "religião de segunda mão". Não conhecem nem amam a Jesus. Simplesmente creem no que outros dizem. Sua fé consiste em crer no que diz a Igreja, no que ensina a hierarquia ou no que escrevem os entendidos, ainda que eles não experimentem em seu coração nada do que Jesus viveu. Como é natural, com o passar dos anos, sua adesão ao cristianismo vai se dissolvendo.

O que nós cristãos precisamos hoje em primeiro lugar não são catecismos que definam corretamente a doutrina cristã, nem exortações que precisem com rigor as normas morais. Só com isso não se transformam as pessoas. Há algo prévio e mais decisivo: narrar nas comunidades a figura de Jesus, ajudar os fiéis a colocar-se em contato direto com o Evangelho, ensinar a conhecer e amar a Jesus, aprender juntos a viver seu modo de vida e seu espírito. Recuperar o "batismo do Espírito", não é essa a primeira tarefa na Igreja?

DEIXAR-NOS BATIZAR PELO ESPÍRITO DE JESUS

Os evangelistas procuram distinguir bem o batismo de Jesus do batismo de João. Não devemos confundi-los. O batismo de Jesus não consiste em submergir seus seguidores nas águas de um rio. Jesus submerge os seus no Espírito Santo. O Evangelho de João o diz de maneira bem clara. Jesus possui a plenitude do Espírito de Deus, e por isso pode comunicar aos seus essa plenitude. A grande novidade de Jesus consiste em ser Ele "o Filho de Deus" que pode "batizar com Espírito Santo".

Este batismo de Jesus não é um banho externo, parecido com o que talvez alguns puderam conhecer nas águas do Jordão. É um "banho interior". A metáfora sugere que Jesus comunica seu Espírito para penetrar, impregnar e transformar o coração das pessoas.

Este Espírito Santo é considerado pelos evangelistas como "Espírito de vida". Por isso, deixar-nos batizar por Jesus significa acolher seu Espírito como fonte de vida nova. Seu Espírito pode potenciar em nós uma relação mais vital com Ele. Pode levar-nos a um novo nível de vida cristã, a uma nova etapa de cristianismo mais fiel a Jesus.

O Espírito de Jesus é "Espírito de verdade". Deixar-nos batizar por Ele é pôr verdade em nosso cristianismo. Não deixar-nos enganar por falsas seguranças. Recuperar sempre de novo nossa identidade irrenunciável de seguidores de Jesus. Abandonar caminhos que nos desviam do Evangelho.

O Espírito de Jesus é "Espírito de amor", capaz de libertar-nos da covardia e do egoísmo de viver pensando só em nossos interesses e nosso bem-estar. Deixar-nos batizar por Ele é abrir-nos ao amor solidário, gratuito e compassivo.

O Espírito de Jesus é "Espírito de conversão" a Deus. Deixar-nos batizar por Ele significa deixar-nos transformar lentamente por Ele. Aprender a viver com seus critérios, suas atitudes, seu coração e sua sensibilidade com aqueles que vivem sofrendo.

O Espírito de Jesus é "Espírito de renovação". Deixar-nos batizar por Ele é deixar-nos atrair por sua novidade criadora. Ele pode despertar o melhor que há na Igreja e dar-lhe um "coração novo", com maior capacidade de ser fiel ao Evangelho.

O BATISMO DO ESPÍRITO

O novelista Julien Green descreve uma assembleia de cristãos com estas penetrantes palavras: "Todo mundo acreditava, mas ninguém gritava de assombro, de felicidade ou de espanto". Nós cristãos de hoje estamos conscientes da profunda contradição que se opera no interior de nossa vida, quando a apatia e a indiferença apagam em nós o fogo do Espírito.

Parecemos homens e mulheres que, para dizê-lo com as palavras do Batista, foram "batizados com água", mas que lhes falta ainda serem batizados com "Espírito Santo e fogo". Cristãos que vivem repetindo o que, talvez, aprenderam há anos em algum catecismo, ou o que escutam hoje dos pregadores. Falta-lhes sua própria experiência de Deus.

Pessoas que foram crescendo em outros aspectos da vida, mas que permaneceram atrofiadas interiormente, frustradas em seu "desenvolvimento espiritual". Pessoas boas que continuam cumprindo com fidelidade admirável suas práticas religiosas, mas que não conhecem o Deus vivo que alegra a vida e desata as forças para viver.

O que falta em nossas comunidades e paróquias não é tanto a repetição da mensagem evangélica ou o serviço sacramental, mas a experiência de encontro com esse Deus vivo. De modo geral, é insuficiente o que se faz entre nós para ensinar os crentes a penetrar em seu interior e descobrir a presença do Espírito no coração de cada um e no interior da vida. Escassos são os esforços para aprender praticamente caminhos de oração e silêncio que nos aproximem de Deus como fonte de vida.

Seguimos escutando e repetindo as palavras de Jesus como vindas "do exterior". Quase não nos detemos a escutar sua voz interior, essa voz amistosa e estimulante que ilumina, conforta e faz crescer em nós a vida. Dizemos de Deus palavras admiráveis, mas pouco nos ajudamos a pressentir Deus com emoção e assombro, como essa Realidade na qual nos sentimos vivos e seguros, porque nos sentimos amados sem fim e de maneira incondicional.

Para degustar esse Deus não bastam as palavras nem os ritos. Não bastam os conceitos nem os discursos teológicos. É necessária a experiência pessoal. Que cada um se aproxime da Fonte e beba.

Nós cristãos não deveríamos esquecer aquela observação que Tony de Mello fazia com seu habitual encanto: jamais alguém se embriagou pensando intelectualmente na palavra "vinho". Assim também, para saborear e degustar a Deus, não basta teorizar sobre Ele. É necessário beber do Espírito.

AMAR A VIDA

As pessoas não gostam de ouvir falar de espiritualidade, porque não sabem o que esta palavra encerra: ignoram que significa mais do que religiosidade, e que não se identifica com o que tradicionalmente se entende por piedade. "Espiritualidade" quer dizer viver uma "relação vital" com o Espírito de Deus, e isto só é possível quando se experimenta Deus como "fonte de vida" em cada experiência humana.

Como expôs Jürgen Moltmann, viver em contato com o Espírito de Deus "não leva a uma espiritualidade que prescinde dos sentidos, voltada para dentro, inimiga do corpo, afastada do mundo, mas a uma nova vitalidade do amor à vida". Diante do que está morto, do petrificado ou do insensível, o Espírito desperta sempre o amor à vida. Por isso, viver "espiritualmente" é "viver contra a morte", afirmar a vida apesar da fraqueza, do medo, da doença ou da culpa. Quem vive aberto ao Espírito de Deus vibra com tudo que faz crescer a vida e se rebela contra o que lhe causa dano e a mata.

Este amor à vida gera uma alegria diferente, ensina a viver de maneira amistosa e aberta, em paz com todos, dando-nos vida uns aos outros, acompanhando-nos na tarefa de fazer-nos a vida mais digna e feliz. A esta energia vital que o Espírito infunde na pessoa, Jürgen Moltmann se atreve a chamar de "energia erotizante", pois faz viver de maneira prazerosa, atrativa e sedutora.

Esta experiência espiritual dilata o coração: começamos a sentir que nossas expectativas e anseios mais profundos se mesclam com as promessas de Deus; nossa vida finita e limitada se abre para o infinito. Então descobrimos também que "santificar a vida" não é moralizá-la, mas vivê-la a partir do Espírito Santo, isto é, vê-la e amá-la como Deus a vê e a ama: boa, digna e bela, aberta à felicidade eterna.

Esta é, segundo o Batista, a grande missão de Cristo: "batizar-nos com Espírito Santo", ensinando-nos a viver em contato com o Espírito. Só isto pode libertar-nos de uma maneira triste e raquítica de entender e viver a fé em Deus.

ABANDONAR O PECADO

Nós cristãos esquecemos com frequência o que é nuclear no Evangelho. O pecado não é apenas algo que pode ser perdoado, mas algo que deve ser suprimido e arrancado da humanidade.

Jesus é apresentado como alguém que "tira o pecado do mundo". Alguém que não só oferece o perdão, mas também a possibilidade de ir tirando o pecado, a injustiça e o mal que se apoderam de nós. Crer em Jesus não consiste apenas em abrir-nos ao perdão redentor de Deus. Seguir a Jesus é comprometer-nos em sua luta e seu esforço para tirar o pecado que domina os seres humanos com todas as suas consequências.

Talvez tenhamos que começar por tomar consciência mais clara de que o pecado é algo que afeta o mais profundo do ser humano, pois vai nos desumanizando, tanto individual como socialmente. Não se trata de uma mera violação da lei. Nem tão somente de uma "ofensa" a Deus. Na mensagem de Jesus, o pecado aparece sobretudo como recusa do reino de Deus. Pecar é não aceitar Deus como Pai e, consequentemente, não aceitar a fraternidade que Deus quer ver implantada entre nós.

Se escutarmos a mensagem de Jesus sem preocupações casuísticas, observaremos que o pecado consiste fundamentalmente na autoafirmação do ser humano, que se encerra em seu próprio poder para assegurar-se contra Deus e frente a seu irmão.

Somos pecadores na medida em que nos fechamos a Deus como Pai, como graça e como futuro último de nossa existência. E, na medida em que nos servimos de nosso pequeno poder físico, intelectual, econômico, sexual, político... não para servir ao irmão, mas para utilizá-lo, dominá-lo e conseguir nossa felicidade a suas expensas.

Este pecado está presente no coração de cada ser humano e no interior das instituições, estruturas e mecanismos que funcionam em nossa economia, nossa política e nossa convivência social. Toda reforma ou revolução que não atinge nem transforma esta estrutura egoísta e pecadora do ser humano poderá ser uma conquista estimável, mas não nos leva a uma verdadeira libertação. Por isso, só Deus é nosso último Libertador.

4
O QUE BUSCAIS?

Naquele tempo, estava João de novo com dois de seus discípulos. Fixou o olhar em Jesus que passava e disse: "Eis o Cordeiro de Deus". Os dois discípulos ouviram isto e seguiram a Jesus. Então Jesus voltou-se para eles e, vendo que o seguiam, perguntou-lhes: "A quem buscais?" Eles responderam: "Rabi (que quer dizer Mestre), onde vives?" Ele disse: "Vinde e vede". Eles foram, viram onde Ele morava e ficaram com Ele naquele dia. Eram quase quatro horas da tarde.

André, irmão de Simão Pedro, era um dos dois que ouviram as palavras de João e seguiram a Jesus. Foi logo encontrar seu irmão, Simão, e lhe disse: "Encontramos o Messias" (que quer dizer Cristo). E o levou até Jesus. Jesus fixou o olhar nele e disse: "Tu és Simão, filho de João. Serás chamado Cefas" (que quer dizer Pedro) (Jo 1,35-42).

SEGUIR A JESUS

Dois discípulos, orientados pelo Batista, se põem a seguir a Jesus. Durante certo tempo caminham atrás dele em silêncio. Ainda não tinha havido um verdadeiro contato. De repente, Jesus se vira e lhes faz uma pergunta decisiva: "O que buscais?" O que esperais de mim?

Eles responderam com outra pergunta: Rabi, "onde vives?" Qual é o segredo de tua vida? De onde vens? O que é para ti viver? Jesus lhes responde: "Vinde e o vereis". Fazei vós mesmos a experiência. Não busqueis outra informação. Vinde conviver comigo. Descobrireis quem sou e como posso transformar vossa vida.

Este breve diálogo pode lançar mais luz sobre o essencial da fé cristã do que muitas palavras complicadas. Em última análise, o que é decisivo para ser cristão?

Em primeiro lugar, buscar. Quando alguém não busca nada na vida e se conforma com "ir levando" ou ser "um vivedor", não é possível encontrar-se com Jesus. A melhor maneira de não entender nada sobre a fé cristã é não ter interesse por viver de maneira acertada.

O importante não é buscar algo, mas buscar alguém. Não descartemos nada.

Se um dia sentimos que a pessoa de Jesus nos "toca", é o momento de deixar-nos alcançar por Ele, sem resistências nem reservas. É preciso esquecer convicções e dúvidas, doutrinas e esquemas. Não se pede de nós que sejamos mais religiosos nem mais piedosos. Só que o sigamos.

Não se trata de conhecer coisas sobre Jesus, mas de sintonizar com Ele, interiorizar suas atitudes fundamentais e experimentar que sua pessoa nos faz bem, reaviva nosso espírito e nos infunde força e esperança para viver. Quando isto acontece, a pessoa começa a se dar conta de que acreditava muito pouco nele e que havia entendido mal quase tudo.

Mas o decisivo para ser cristão é tratar de viver como Ele vivia, ainda que seja de maneira pobre e simples. Crer no que Ele acreditou, dar importância ao que Ele dava, interessar-se por aquilo que Ele se interessou. Olhar a vida como Jesus a olhava, tratar as pessoas como Ele as tratava: escutar, acolher e acompanhar como Ele o fazia. Confiar em Deus como Ele confiava, orar como Ele orava, transmitir esperança como Ele transmitia. O que se sente quando se trata de viver assim? Não é isto aprender a viver?

APRENDER A VIVER

O evangelista João mostra um interesse especial em indicar a seus leitores como se iniciou o pequeno grupo de seguidores de Jesus. Tudo parece casual. O Batista se fixa em Jesus que passava por ali, e diz aos discípulos que o acompanham: "Este é o Cordeiro de Deus".

Provavelmente, os discípulos não entenderam grande coisa, mas começam a "seguir a Jesus". Durante certo tempo caminham em silêncio. Ainda não houve um verdadeiro contato com Ele. Estão seguindo um desconhecido e não sabem exatamente por que nem para quê.

Jesus rompe o silêncio com uma pergunta: "O que buscais?" Quereis orientar vossa vida na direção que eu sigo? São coisas que é preciso esclarecer bem. Os discípulos lhe perguntam: "Mestre, onde vives?" Qual é o segredo de tua vida? O que é viver para ti? Parece que não buscam conhecer novas doutrinas. Querem aprender de Jesus um modo diferente de viver. Querem viver como Ele.

Jesus lhes responde diretamente: "Vinde e vede". Fazei vós mesmos a experiência. Não busqueis informação de fora. Vinde viver comigo e haveis de descobrir como vivo, a partir de onde oriento minha vida, a quem me dedico e por que vivo assim.

Este é o passo decisivo que devemos dar hoje para inaugurar uma fase nova na história do cristianismo. Milhões de pessoas se dizem cristãs, mas não experimentam um verdadeiro contato com Jesus. Não sabem como Ele viveu, ignoram seu projeto. Não aprendem nada especial dele.

Também nas nossas Igrejas não temos capacidade para gerar novos crentes. Nossa palavra já não é atraente nem digna de fé. Parece que o cristianismo, tal como nós o entendemos e vivemos, interessa cada vez menos. Se alguém se aproximasse de nós e perguntasse: "Onde viveis? O que há de interessante em vossas vidas?" O que responderíamos?

É urgente que nós cristãos nos reunamos em pequenos grupos para aprender a viver ao modo de Jesus, escutando juntos o Evangelho. Ele é mais atraente e digno de fé que todos nós. Pode gerar novos seguidores, pois ensina a viver de maneira diferente e interessante.

O QUE BUSCAMOS EM JESUS?

O evangelista João narra os humildes começos do pequeno grupo de seguidores de Jesus. Seu relato começa de maneira misteriosa. Ele nos diz que Jesus "passava". Não sabemos de onde Ele vem nem para onde se dirige. Mas não se detém junto ao Batista. Vai mais longe que seu mundo religioso do deserto. Por isso João indica a seus discípulos que se fixem nele: "Este é o Cordeiro de Deus".

Jesus vem de Deus, não com poder e glória, mas como um cordeiro indefeso e inerme. Nunca se imporá pela força, nem forçará ninguém a crer nele. Um dia será sacrificado numa cruz. Os que querem segui-lo deverão acolhê-lo livremente.

Os dois discípulos que ouviram o Batista começam a seguir a Jesus sem dizer nenhuma palavra. Há algo nele que os atrai, embora ainda não saibam quem Ele é nem para onde os leva. No entanto, para seguir a Jesus não basta escutar o que outros dizem dele. É necessária uma experiência pessoal.

Por isso, Jesus se vira e lhes faz uma pergunta muito importante: "O que buscais?" Estas são as primeiras palavras de Jesus aos que o seguem. Não se pode caminhar seguindo seus passos de qualquer maneira. O que esperamos dele? Por que o seguimos? O que buscamos?

Aqueles homens não sabem aonde pode levá-los a aventura de seguir a Jesus, mas intuem que Ele pode ensinar-lhes algo que ainda não conhecem: "Mestre, onde moras?" Não buscam nele grandes doutrinas. Querem que lhes ensine onde vive, como vive e para quê. Desejam que lhes ensine a viver. Jesus lhes diz: "Vinde e vede".

Na Igreja e fora dela são muitos os que vivem hoje perdidos no labirinto da vida, sem caminho e sem orientação. Alguns começam a sentir fortemente a necessidade de aprender a viver de maneira diferente, mais humana, mas sadia e mais digna. Encontrar-se com Jesus pode ser para eles a grande notícia.

É difícil aproximar-nos desse Jesus narrado nos evangelhos sem sentir-nos atraídos por sua pessoa. Jesus abre um novo horizonte à nossa vida. Ensina a viver a partir de um Deus que quer para nós o melhor. Pouco a pouco Ele vai nos libertando de enganos, medos e egoísmos que estão nos bloqueando.

Quem se põe a caminho seguindo a Jesus começa a recuperar a alegria e a sensibilidade para com os que sofrem. Começa a viver com mais verdade e generosidade, com mais sentido e esperança. Quando a pessoa se encontra com Jesus tem a sensação de que começa finalmente a viver a vida a partir de sua raiz, pois começa a viver a partir de um Deus bom, mais humano, mais amigo e salvador que todas as nossas teorias. Tudo começa a ser diferente.

A EXPERIÊNCIA DO CRENTE

Um grande número de pessoas está abandonando hoje a fé antes de tê-la conhecido a partir do interior. Falam às vezes de Deus, mas é fácil observar que não tiveram a experiência de encontrar-se com Ele no fundo de seu coração. Têm algumas ideias gerais sobre o credo dos cristãos. ouviram falar de um Deus que proíbe certas coisas e que promete a vida eterna aos que lhe obedecem, mas não sabem muito mais.

É normal que essa ideia que as pessoas têm da fé não lhes seja atrativa. Não são capazes de ver o que poderiam ganhar crendo, nem o que poderia trazer-lhes o Evangelho, a não ser toda uma lista de obrigações, além dessa promessa tão longínqua e difícil de crer que é "a vida eterna".

Não suspeitam que a fé do verdadeiro crente se alimenta de uma experiência que não se pode conhecer de fora. Como todo mundo, também os crentes sabem o que é o sofrimento e a desgraça. Sua fé não os dispensa dos problemas e dificuldades de cada dia. Mas, na medida em que a vivem a fundo, sua fé lhes traz uma luz, um estímulo e um horizonte novos.

Em primeiro lugar, o crente acolhe a vida dia a dia como dom de Deus. A vida não é puro azar; também não é um luta solitária diante das adversidades. No próprio âmago da vida existe Alguém que cuida de nós. Ninguém é esquecido. Somos seres aceitos e amados. Assim diz o místico alemão Mestre Eckhart: "Se desses graças a Deus por todas as alegrias que Ele te dá, não te restaria tempo para lamentar-te".

O crente conhece também a alegria de saber-se perdoado. No meio de seus erros e mediocridade, pode viver a experiência da imensa compreensão de Deus. O crente não se sente melhor que os outros. Conhece o pecado e a fragilidade. Sua sorte é poder sentir-se renovado interiormente para começar sempre de novo uma vida mais humana.

O crente também conta com uma nova luz diante do mal. Não se vê libertado do sofrimento, mas sim da pena de sofrer em vão. Sua fé não é uma droga nem um tranquilizante diante das desgraças, mas a comunhão com o Crucificado lhe permite viver o sofrimento sem autodestruir-se nem cair no desespero.

Sempre me comoveu essa postura nobre do grande cientista ateu Jean Rostand. "Vós tendes a sorte de crer", gostava ele de repetir a seus amigos cristãos. E acrescentava: "De uma coisa estou certo, é de que eu gostaria que Deus existisse". Como é diferente hoje a postura dos que, mesmo ainda tendo fé em seu coração, descuidam dela até perdê-la de todo.

A cena evangélica nos apresenta uns discípulos interessados em conhecer melhor o mundo de Jesus. O Mestre lhes pergunta: "O que buscais?" e eles respondem: "Mestre, onde vives?" A resposta de Jesus é todo um programa: "Vinde e vede". Não há receitas mágicas para reavivar a fé. O caminho é buscar, entrar em contato com Jesus e conhecer uma maneira nova de viver.

FAZER-NOS MAIS CRISTÃOS

Isto que eu vivo é fé? Como pode alguém tornar-se mais crente? Quais são os passos a dar? São perguntas que ouço com frequência de pessoas que desejam fazer um percurso interior para chegar a Jesus, mas não sabem que caminho seguir. Cada um deve escutar seu próprio chamado, mas a todos pode fazer bem recordar coisas essenciais.

Crer em Jesus Cristo não é ter uma opinião sobre Ele. Muitas vezes me falaram dele; talvez li algo sobre sua vida; sua personalidade me atrai; tenho uma ideia de sua mensagem. Não basta. Se quero viver uma nova experiência do que é crer em Cristo, tenho que mobilizar todo o meu mundo interior.

É muito importante não pensar em Cristo como alguém ausente e longínquo. Não deter-nos no "Menino de Belém", no "Mestre da Galileia", ou no "Crucificado do Calvário". Também não reduzi-lo a uma ideia ou um conceito. Cristo é uma "presença viva", alguém que está em nossa vida e com quem podemos comunicar-nos na aventura de cada dia.

Não pretendas imitá-lo rapidamente. É melhor penetrar antes numa compreensão mais íntima de sua pessoa. Deixar-te seduzir por seu mistério. Captar o Espírito que o faz viver de uma maneira tão humana. Intuir a força de seu amor ao ser humano, sua paixão pela vida, sua ternura para com o fraco, sua confiança total na salvação de Deus.

Um passo decisivo pode ser a leitura dos evangelhos para buscar pessoalmente a verdade de Jesus. Não é preciso saber muito para entender sua mensagem. Não é necessário dominar as técnicas mais modernas de interpretação. O decisivo é ir ao fundo dessa vida, a partir de minha própria experiência. Guardar suas palavras dentro do coração. Alimentar o gosto da vida com seu fogo.

Ler o Evangelho não é exatamente encontrar "receitas" para viver. É outra coisa. É experimentar que, vivendo como Ele, pode-se viver de maneira diferente, com liberdade e alegria interior. Os primeiros cristãos viviam com esta ideia: ser cristão é "revestir-se de Cristo", reproduzir em nós sua vida. Isto é o essencial. Por isso, quando dois discípulos perguntam a Jesus – "Mestre, onde vives, o que é para ti viver?" – Ele lhes responde: "Vinde e vede".

5
ALEGRIA E AMOR

Naquele tempo houve um casamento, em Caná da Galileia, e a mãe de Jesus estava presente. Jesus e os discípulos também foram convidados para esse casamento. Tendo acabado o vinho, a mãe de Jesus lhe disse: "Eles não têm mais vinho". Jesus respondeu: "Mulher, o que temos nós a ver com isso? Ainda não chegou a minha hora". Sua mãe disse aos que estavam servindo: "Fazei tudo o que Ele vos disser".

Havia ali seis talhas de pedra para as purificações dos judeus. Em cada uma cabiam duas ou três medidas. Jesus disse: "Enchei de água as talhas". Eles as encheram até a borda. Então Jesus disse: "Tirai agora um pouco e levai ao organizador da festa". Eles levaram. Logo que o organizador provou da água transformada em vinho (ele não sabia de onde vinha, embora o soubessem os serventes que tinham tirado a água) chamou o noivo e lhe disse: "Todos servem primeiro o vinho bom e quando já estão embriagados servem o de qualidade inferior. Tu guardaste o vinho bom até agora". Este foi o início dos sinais de Jesus, em Caná da Galileia. Ele manifestou a sua glória, e os discípulos creram nele.

Depois disso, Ele desceu a Cafarnaum, com a mãe, os irmãos e os discípulos. Ali ficaram apenas alguns dias (Jo 2,1-11).

LINGUAGEM DE GESTOS

O evangelista João não diz que Jesus fez "milagres" ou "prodígios". Ele os chama "sinais", porque são gestos que apontam para algo mais profundo do que podem ver nossos olhos. Em concreto, os sinais que Jesus realiza orientam para sua pessoa e nos revelam sua força salvadora.

O que sucedeu em Caná da Galileia é o começo de todos os sinais. O protótipo dos sinais que Jesus irá operando ao longo de sua vida. Nessa "transformação da água em vinho" nos é dada a chave para entender o tipo de transformação salvadora que Jesus opera.

Tudo ocorre no cenário de um casamento, a festa humana por excelência, o símbolo mais expressivo do amor, a melhor imagem da tradição bíblica para evocar a comunhão definitiva de Deus com o ser humano. A salvação de Jesus Cristo deve ser vivida e oferecida por seus seguidores como uma festa que dá plenitude às festas humanas, quando elas ficam vazias, "sem vinho" e sem capacidade de saciar nossa sede de felicidade total.

O relato sugere algo mais. A água só pode ser saboreada como vinho quando, seguindo as palavras de Jesus, é "tirada" de seis grandes talhas de pedra, utilizadas pelos judeus para suas purificações. A religião da lei, escrita em tábuas de pedra, está extinta; não há água capaz de purificar o ser humano. Esta religião deve ser libertada pelo amor e pela vida que Jesus comunica.

Por isso não se pode evangelizar de qualquer maneira. Para comunicar a força transformadora de Jesus não bastam as palavras, são necessários os gestos. Evangelizar não é só falar, pregar ou ensinar; menos ainda julgar, ameaçar ou condenar. É necessário atualizar, com fidelidade criativa, os sinais que Jesus fazia para introduzir a alegria de Deus, fazendo mais feliz a vida dura daqueles camponeses.

Para muitos contemporâneos, a palavra da Igreja os deixa indiferentes. Nossas celebrações os aborrecem. Eles precisam conhecer sinais mais próximos e amistosos da Igreja, para descobrir nos cristãos a capacidade de Jesus para aliviar o sofrimento e a dureza da vida.

Quem vai querer escutar hoje o que já não se apresenta mais como boa notícia, especialmente quando é apresentado invocando o Evangelho com tom autoritário e ameaçador? Jesus Cristo é esperado por muitos como uma força e um estímulo para viver de maneira mais sensata e feliz. Se só conhecem uma "religião aguada" e não podem saborear algo da alegria festiva que se transmite, muitos continuarão a afastar-se.

Alegria e amor

Segundo o evangelista João, Jesus foi realizando sinais para dar a conhecer o mistério encerrado em sua pessoa e para convidar as pessoas a acolher a força salvadora que trazia consigo. Qual foi o primeiro sinal? O que é o primeiro que vamos encontrar em Jesus?

O evangelista nos fala de uma festa de casamento em Caná da Galileia, uma pequena aldeia de montanha, a quinze quilômetros de Nazaré. Mas a cena tem um caráter claramente simbólico. Nem a esposa nem o esposo têm rosto: não falam nem atuam. O único importante é um "convidado" que se chama Jesus.

Na Galileia, o casamento era a festa mais esperada e querida entre as pessoas do campo. Durante vários dias, familiares e amigos acompanhavam os noivos comendo e bebendo com eles, dançando danças próprias de casamento e cantando canções de amor. De repente, a mãe de Jesus o faz notar algo terrível: "Eles não têm mais vinho". Como vão prosseguir cantando e dançando?

O vinho é indispensável num casamento. Para aquela gente o vinho era, além disso, o símbolo mais expressivo do amor e da alegria. Já dizia a tradição: "O vinho alegra o coração". A noiva o cantava a seu amado num belo canto de amor: "Teus amores são melhores do que o vinho". O que pode ser um casamento sem alegria e sem amor? O que se pode celebrar com o coração triste e vazio de amor?

No pátio da casa há seis talhas de pedra". São enormes. Estão "colocadas ali" de maneira fixa. Nelas se guarda a "água" para as purificações. Representam a piedade religiosa daqueles camponeses que procuram viver "puros" diante de Deus. Jesus transforma a água em vinho. Sua intervenção vai introduzir amor e alegria naquela religião. Esta é sua primeira contribuição.

Como podemos pretender seguir a Jesus sem cuidar mais da alegria e do amor entre nós? O que pode haver de mais importante que isto na Igreja e no mundo? Até quando poderemos conservar em "talhas de pedra" uma fé triste e aborrecida? Para que servem todos os nossos esforços, se não somos capazes de introduzir amor em nossa religião? Nada pode ser mais triste do que dizer de uma comunidade cristã: "Não têm mais vinho".

Vinho bom

Jesus sempre foi conhecido como o fundador do cristianismo. Hoje, porém, começa a surgir outra atitude: Jesus é de todos, não só dos cristãos. Sua vida e sua mensagem são patrimônio da humanidade.

Ninguém no Ocidente teve um poder tão grande sobre os corações. Ninguém expressou melhor do que Ele as inquietações e interrogações do ser humano. Ninguém despertou tanta esperança. Ninguém comunicou uma experiência tão salutar de Deus, sem projetar sobre Ele ambições, medos e fantasmas. Ninguém aproximou-se da dor humana de maneira tão profunda e entranhável. Ninguém abriu uma esperança tão firme diante do mistério da morte e da finitude humana.

Dois mil anos nos separam de Jesus, mas sua pessoa e sua mensagem continuam atraindo muitas pessoas. É verdade que Ele interessa pouco em alguns ambientes, mas também é certo que a passagem do tempo não apagou sua força sedutora nem amorteceu o eco de sua palavra.

Hoje, quando as ideologias e religiões experimentam uma crise profunda, a figura de Jesus escapa de toda doutrina e transcende toda religião, para convidar diretamente os homens e mulheres de hoje para uma vida mais digna, feliz e esperançosa.

Os primeiros cristãos experimentaram Jesus como fonte de vida nova. Dele recebiam um sopro diferente para viver. Sem Ele tudo se tornava de novo seco, estéril e apagado para eles. O evangelista João redige o episódio do casamento em Caná para apresentar simbolicamente Jesus como portador de um "vinho bom", capaz de reavivar o espírito.

Jesus pode ser hoje fermento de nova humanidade. Sua vida, sua mensagem e sua pessoa convidam a inventar novas formas de vida proveitosa. Ele pode inspirar caminhos mais humanos numa sociedade que busca o bem-estar afogando o espírito e matando a compaixão. Ele pode despertar o gosto por uma vida mais humana em pessoas vazias de interioridade, pobres de amor e necessitadas de esperança.

FALTA VINHO

O episódio de Caná é de grande riqueza para quem penetra na estrutura e na intenção teológica do relato. Este casamento anônimo, no qual os esposos não têm rosto nem voz própria, é figura da antiga aliança judaica. Neste casamento falta um elemento indispensável: falta o vinho, sinal de alegria e símbolo do amor, como já cantava o Cântico dos Cânticos.

É uma situação triste que só será transformada pelo "vinho" novo trazido por Jesus. Um "vinho" que só o saboreiam aqueles que creem no amor gratuito de Deus Pai e vivem animados por um espírito de verdadeira fraternidade.

Vivemos numa sociedade onde cada vez se enfraquece mais a raiz cristã do amor desinteressado. Frequentemente, o amor se reduz a um intercâmbio mútuo, prazenteiro e útil, onde cada pessoa busca seu próprio interesse. Ainda se pensa que é melhor amar do que não amar, mas, na prática, muitos estariam de acordo com aquela asserção anticristã de Sigmund Freud: "Se amo alguém, é preciso que este o mereça por algum título".

Não é fácil saber que alegria pode ainda sobreviver numa sociedade já modelada segundo o pensar de professores como Fernando Savater, que escreve: "Diz-se que devo preocupar-me com os outros, não conformar-me com meu próprio bem, mas tentar ser propício ao estranho, inclusive renunciar à minha riqueza ou ao meu bem-estar pessoal, ou à minha segurança para ajudar a conseguir formas mais altas de harmonia na sociedade, ou para colaborar para o fim da exploração do homem pelo homem. Mas por que devo fazê-lo?... Não é sinal de saúde que eu me ame antes de tudo a mim mesmo?"

Na nova Constituição de nosso país desapareceu o termo "fraternidade", substituído pela palavra "solidariedade". Cabe perguntar se saberemos comprometer-nos numa verdadeira solidariedade quando não nos reconhecemos como irmãos. Será que é suficiente reduzir a convivência a uma correlação de direitos e obrigações? Basta organizar a vida social como uma mera associação de interesses privados?

Esta sociedade, na qual a pessoa é facilmente utilizada a serviço de interesses egoístas, necessita de uma reação vigorosa dos que creem como nós que todo ser humano é intocável, pois é filho de Deus e nosso irmão. O amor ao irmão como alguém digno de ser amado de maneira absoluta é um "vinho" que começa a escassear. Mas não devemos esquecer que sem este "vinho" não é possível a verdadeira alegria.

Casar-se

Tenho a impressão de que a maioria dos esposos cristãos vive seu matrimônio sem sequer suspeitar que grandeza encerra essa sua vida matrimonial. Escutam da Igreja uma cuidada pregação sobre os deveres matrimoniais, mas nem sempre se sentem convidados a viver com alegria a mística que deveria animar e dar sentido a seu casamento.

E, não obstante, as exigências morais do matrimônio só se entendem quando se intuiu de alguma maneira o mistério que os esposos são chamados a viver e desfrutar. Por isso, talvez o mais urgente e apaixonante para os casais cristãos seja entender bem o que significa "celebrar o sacramento do matrimônio".

"Sacramento" é uma palavra gasta que dificilmente diz hoje algo a muitos cristãos. Eles nem sequer sabem que, em sua origem, "sacramento" significa "sinal". Quando dois crentes se casam pela Igreja, o que buscam é converter seu amor em sacramento, isto é, em sinal do amor que Deus vive por suas criaturas.

É isto que os noivos querem dizer com seu gesto no momento do casamento: "Nós nos amamos com tal verdade e fidelidade, com tanta ternura e entrega, de maneira tão total, que nos atrevemos a apresentar-vos nosso amor como 'sacramento', isto é, como sinal do amor que Deus nos tem. Daí em diante, quando virdes como nos amamos podereis intuir, ainda que seja de maneira deficiente e imperfeita, como Deus vos ama.

Mas seu amor se converte em sacramento precisamente porque cada um deles começa a ser "sacramento" de Deus para o outro. Ao casar-se, os esposos cristãos se dizem assim um ao outro: "Eu vou amar-te de tal maneira que, quando te sintas amado ou amada por mim, poderás perceber como Deus te ama. Eu serei para ti graça de Deus. Através de mim chegará seu amor. Eu serei um pequeno "sacramento" onde poderás intuir o amor com que Deus te ama".

Por isso, o matrimônio não é só um sacramento, mas um "estado sacramental". A celebração do casamento é apenas o início de uma vida na qual os esposos podem descobrir Deus em seu próprio amor matrimonial.

O amor íntimo que eles celebram e desfrutam, os gestos de carinho e ternura que trocam entre si, a entrega e fidelidade que vivem dia a dia, o perdão e a compreensão que sustentam sua vida, tudo tem para eles um caráter único e diferente, misterioso e sacramental. Apesar de seus erros e suas limitações, no íntimo de seu amor eles hão de saborear a graça de Deus, sua proximidade e seu perdão.

Nunca é tarde para aprender a viver com mais profundidade. Aquele Jesus que iluminou com sua presença as bodas de Caná pode ensinar aos esposos cristãos a beber um "vinho ainda melhor".

6
INDIGNAÇÃO DE JESUS

Naquele tempo, estava próxima a Páscoa dos judeus. Jesus subiu a Jerusalém e encontrou no Templo vendedores de bois, de ovelhas e pombas e os cambistas sentados. Fez um chicote de cordas e expulsou todos do Templo, com as ovelhas e os bois; esparramou no chão o dinheiro dos cambistas e derrubou as mesas. Aos que vendiam as pombas, disse: "Tirai daqui tudo isto e não façais da casa de meu Pai uma casa de comércio". Lembraram-se os discípulos de que está escrito: "o zelo por tua casa me consome".

Os judeus tomaram então a palavra e lhe perguntaram: "Que sinal nos dais para fazeres isto?"

Jesus respondeu: "Destruí este Santuário e em três dias eu o levantarei". Então os judeus disseram: "Quarenta e seis anos levou a construção deste Santuário e tu vais levantá-lo em três dias?" Mas Ele falava do santuário de seu corpo. Quando ressuscitou dos mortos, os discípulos se lembraram do que Ele havia dito e creram na Escritura e na palavra de Jesus.

Enquanto estava em Jerusalém para a festa da Páscoa, muitos creram em seu nome ao verem os sinais que fazia. Mas Jesus não se fiava neles porque os conhecia a todos. Não tinha necessidade que o informassem sobre alguma pessoa, pois sabia o que ela pensava (Jo 2,13-25).

A INDIGNAÇÃO DE JESUS

Acompanhado de seus discípulos, Jesus sobe pela primeira vez a Jerusalém para celebrar as festas de Páscoa. Ao aparecer no recinto que rodeia o

Templo, encontra-se com um espetáculo inesperado. Vendedores de bois, ovelhas e pombas oferecendo aos peregrinos os animais de que necessitam para sacrificá-los em honra de Deus. Cambistas instalados em suas mesas, traficando com o câmbio de moedas pagãs pela única moeda oficial aceita pelos sacerdotes.

Jesus se enche de indignação. O narrador descreve sua reação de maneira bem clara: com um chicote expulsa do recinto sagrado os animais. Derruba as mesas dos cambistas, derramando por terra suas moedas, e grita: "Não convertais a casa de meu Pai num mercado".

Jesus se sente como um estranho naquele lugar. O que seus olhos veem nada tem a ver com o verdadeiro culto a seu Pai. A religião do Templo converteu-se num negócio onde os sacerdotes buscam um bom dinheiro e onde os peregrinos tratam de "comprar" a Deus com suas oferendas. Jesus lembra certamente as palavras do profeta Oseias que repetirá mais de uma vez ao longo de sua vida: "Assim diz Deus: 'Eu quero amor e não sacrifícios'".

Aquele Templo não é a casa de um Deus Pai na qual todos se acolhem mutuamente como irmãos e irmãs. Jesus não pode ver ali essa "família de Deus" que Ele quer ir formando com seus seguidores. Aquilo não é senão um mercado onde cada um busca seu negócio.

Não pensemos que Jesus está condenando uma religião primitiva, pouco evoluída. Sua crítica é mais profunda. Deus não pode ser o protetor e encobridor de uma religião tecida de interesses e egoísmos. Deus é um Pai ao qual só se dá culto trabalhando por uma comunidade mais humana, solidária e fraterna.

Quase sem dar-nos conta, todos nós podemos converter-nos em "vendedores e cambistas" que não sabem viver senão buscando seu próprio interesse. Estamos convertendo o mundo em um grande mercado onde tudo se compra e se vende, e corremos o risco de viver inclusive a relação com Deus de maneira mercantil.

Temos que fazer de nossas comunidades cristãs um espaço onde todos possamos sentir-nos "na casa do Pai". Uma casa acolhedora e calorosa onde não se fecham as portas a ninguém, onde ninguém é excluído nem discriminado. Uma casa onde aprendemos a dar atenção ao sofrimento dos filhos mais desvalidos de Deus e não só ao nosso próprio interesse. Uma casa onde podemos invocar a Deus como Pai porque nos sentimos seus filhos e filhas, e buscamos viver como irmãos e irmãs.

QUE RELIGIÃO É A NOSSA?

Todos os evangelhos se fazem eco de um gesto audacioso e provocativo de Jesus dentro do recinto do Templo de Jerusalém. Provavelmente não foi muito espetacular. Atropelou um grupo de vendedores de pombas, derrubou as mesas de alguns cambistas e tratou de interromper a atividade durante alguns momentos. Não pode fazer muito mais.

Mas aquele gesto carregado de força profética foi o que desencadeou sua prisão e rápida execução. Atacar o Templo era atacar o coração do povo judeu: o centro de sua vida religiosa, social e política. O Templo era intocável. Ali habitava o Deus de Israel. O que seria do povo sem sua presença entre eles? Como poderiam sobreviver sem o Templo?

Para Jesus, porém, era o grande obstáculo para acolher o reino de Deus tal como Ele o entendia e proclamava. Seu gesto punha em questão o sistema econômico, político e religioso, sustentado a partir daquele "lugar santo". O que era aquele Templo? Sinal do reino de Deus e sua justiça, ou símbolo de colaboração com Roma? Casa de oração, ou armazém dos dízimos e primícias dos camponeses? Santuário do perdão de Deus ou justificação de todo tipo de injustiças?

Aquilo era um "mercado". Enquanto no entorno da "casa de Deus" se acumulava a riqueza, nas aldeias crescia a miséria de seus filhos. Não. Deus não legitimaria jamais uma religião como aquela. O Deus dos pobres não podia reinar a partir daquele Templo. Com a chegada de seu reinado perdia sua razão de ser.

A atuação de Jesus coloca a todos nós seus seguidores de sobreaviso e nos obriga a perguntar-nos: Que religião estamos cultivando em nossos templos? Se ela não é inspirada por Jesus, pode converter-se numa maneira "santa" de fechar-nos ao projeto de Deus que Jesus queria impulsionar no mundo. O primordial não é a religião, mas o reino de Deus.

Que religião é a nossa? Ela faz crescer nossa compaixão pelos que sofrem, ou nos permite viver tranquilos em nosso bem-estar? Ela alimenta nossos próprios interesses, ou nos põe a trabalhar por um mundo mais humano? Se ela se parece com a religião do Templo judaico, Jesus não a abençoaria.

O AMOR NÃO SE COMPRA

Quando Jesus entra no Templo de Jerusalém não encontra pessoas que buscam a Deus, mas comércio religioso. Sua atuação violenta diante dos "vendedores e cambistas" não é senão a reação do Profeta que se encontra com a religião convertida em mercado.

Aquele Templo, chamado a ser o lugar em que se havia de manifestar a glória de Deus e seu amor fiel, converteu-se em lugar de enganos e abusos, onde reina o afã por dinheiro e o comércio interessado.

Quem conhece Jesus não estranhará sua indignação. Se algo aparece constantemente no próprio núcleo de sua mensagem é a gratuidade de Deus, que ama seus filhos e filhas sem limites e só quer ver entre eles amor fraterno e solidário.

Por isso, uma vida convertida em mercado onde tudo se compra e se vende, inclusive a relação com o mistério de Deus, é a perversão mais destruidora do que Jesus quer promover. É certo que nossa vida só é possível a partir do intercâmbio e do mútuo serviço. Todos vivemos dando e recebendo. O risco está em reduzir nossas relações a comércio interessado, pensando que na vida tudo consiste em vender e comprar, tirando o máximo proveito dos outros.

Quase sem dar-nos conta, podemos converter-nos em "vendedores e cambistas" que não sabem fazer outra coisa senão negociar. Homens e mulheres incapacitados para amar, que eliminaram de sua vida tudo o que seja dar. É fácil então a tentação de negociar inclusive com Deus. Obsequia-se Deus com algum culto para ficar bem com Ele, pagam-se missas ou se fazem promessas para obter dele algum benefício, cumprem-se ritos para tê-lo a nosso favor. O grave é esquecer que Deus é amor, e o amor não se compra. Por alguma razão, dizia Jesus que Deus "quer amor e não sacrifícios".

Talvez o mais importante que precisamos escutar hoje na Igreja é o anúncio da gratuidade de Deus. Num mundo convertido em mercado, onde tudo é exigido, comprado ou ganho, só o gratuito pode continuar fascinando e surpreendendo, pois é o sinal mais autêntico do amor.

Nós crentes devemos estar atentos para não desfigurar um Deus que é amor gratuito, fazendo-o à nossa medida: tão triste, egoísta e pequeno como nossas vidas mercantilizadas.

Quem conhece "a sensação da graça" e experimentou alguma vez o amor surpreendente de Deus, sente-se convidado a irradiar sua gratuidade e, provavelmente, é quem melhor pode introduzir algo bom e novo nesta sociedade onde tantas pessoas morrem de solidão, de tédio e de falta de amor.

SEM LUGAR PARA DEUS

O dado foi recordado pelos observadores do fato religioso: Deus está presente nos povos pobres e marginalizados da terra, e está se ocultando lentamente nos povos ricos e poderosos. Os países que são pobres em poder, dinheiro e tecnologia são mais ricos em humanidade e espiritualidade do que as sociedades que os marginalizam.

Talvez, o antigo relato de Jesus expulsando do Templo os vendedores nos leve à pista, não à única, que pode explicar o porquê deste ocultamento de Deus, precisamente nas sociedades da abundância e do bem-estar. O conteúdo essencial da cena evangélica pode resumir-se desta maneira: onde se busca o próprio proveito não há lugar para um Deus que é Pai de todos.

Quando Jesus chega a Jerusalém, não encontra gente que busca a Deus, mas comércio. O próprio Templo converteu-se num grande mercado. A religião continua funcionando, mas ninguém escuta a Deus. Sua voz se extingue, silenciada pelo ruído do dinheiro. O que interessa é apenas o próprio proveito.

Segundo o evangelista, Jesus atua movido pelo "zelo da casa de Deus". O termo grego significa ardor, paixão. Jesus é um "apaixonado" pela causa do verdadeiro Deus e, quando vê que está sendo desfigurado por interesses econômicos, reage com paixão, denunciando essa religião falsa e hipócrita.

A atuação de Jesus lembra as terríveis condenações pronunciadas no passado pelos profetas de Israel. Só vou citar as palavras que Isaías põe nos lábios de Deus: "Estou farto de holocaustos... Não continueis a trazer-me oferendas vazias, nem incenso execrável... Eu detesto vossas solenidades e festas; tornaram-se para mim um peso que não suporto. Quando estendeis vossas mãos, fecho os olhos; ainda que multipliqueis as orações, não escutarei. Vossas mãos estão cheias de sangue. Lavai-vos, afastai de minha vista vossas más ações. Cessai de fazer o mal e aprendei a fazer o bem. Buscai a justiça, corrigi o opressor. Fazei justiça ao órfão, defendei a viúva. Então vinde" (Is 1,11-18).

Não é de estranhar que na "Europa dos comerciantes" se fale hoje de "crise de Deus" (*Gotteskrise*). Onde se busca a própria vantagem ou ganho, sem levar em conta os necessitados, não há lugar para o verdadeiro Deus. Ali o anseio pela transcendência se apaga e as exigências do amor são esquecidas. Esta Europa do bem-estar, onde a crise de Deus já está gerando uma profunda crise do ser humano, precisa ouvir uma mensagem clara e apaixonante: "Quem não pratica a justiça e quem não ama seu irmão, não é de Deus" (1Jo 3,10).

Um templo novo

Os quatro evangelistas se fazem eco do gesto provocativo de Jesus expulsando do Templo "vendedores" de animais e "cambistas" de dinheiro. Não pode suportar ver a casa de seu Pai cheia de gente que vive do culto. A Deus não se compra com "sacrifícios".

Mas João, o último evangelista, acrescenta um diálogo com os judeus, no qual Jesus afirma de maneira solene que, depois da destruição do Templo, Ele "o levantará em três dias". Ninguém conseguiu entender o que Ele dizia. Por isso o evangelista acrescenta: "Jesus falava do templo de seu corpo".

Não esqueçamos que João está escrevendo seu Evangelho quando o Templo de Jerusalém já estava destruído há vinte ou trinta anos. Muitos judeus se sentem órfãos. O Templo era o coração de sua religião. Como poderão sobreviver sem a presença de Deus no meio de seu povo?

O evangelista faz os seguidores de Jesus lembrar que eles não hão de sentir nostalgia do velho Templo. Jesus, "destruído" pelas autoridades religiosas, mas "ressuscitado" pelo Pai, é o "novo Templo". Não é uma metáfora atrevida. É uma realidade que há de marcar para sempre a relação dos cristãos com Deus.

Para aqueles que veem em Jesus o novo Templo, onde Deus habita, tudo é diferente. Para encontrar-se com Ele não basta entrar numa igreja. É necessário aproximar-se de Jesus, entrar em seu projeto, seguir seus passos, viver com seu espírito.

Neste novo Templo que é Jesus, para adorar a Deus não basta o incenso, as aclamações nem as liturgias solenes. Os verdadeiros adoradores são aqueles que vivem diante de Deus "em espírito e em verdade". A verdadeira adoração consiste em viver com o "Espírito" de Jesus na "verdade" do Evangelho. Sem isto, o culto é "adoração vazia".

As portas deste novo Templo que é Jesus estão abertas a todos. Ninguém está excluído. Podem entrar nele os pecadores, os impuros e inclusive os pagãos. O Deus que habita em Jesus é de todos e para todos. Neste Templo não se faz nenhuma discriminação. Não há espaços diferentes para homens e mulheres. Não há raças eleitas, nem povos excluídos. Os únicos preferidos são os necessitados de amor e de vida.

7
DEUS AMA ESTE MUNDO

Naquele tempo, disse Jesus a Nicodemos:
"Como Moisés levantou a serpente no deserto, assim também é preciso que o Filho do homem seja levantado, a fim de que todo aquele que nele crer tenha a vida eterna. Deus amou tanto o mundo que entregou seu Filho único, para que todo aquele que nele crer não morra, mas tenha a vida eterna. Porque Deus não enviou seu Filho ao mundo para condenar o mundo, mas para que o mundo seja salvo por Ele. Quem nele crê não é condenado, mas quem não crê já está condenado, porque não acreditou no nome do Filho único de Deus. E o julgamento consiste no seguinte: a luz veio ao mundo e os seres humanos amaram mais a escuridão do que a luz, porque suas obras eram más. Pois todo aquele que faz o mal odeia a luz e não se aproxima da luz, para que suas obras não sejam desmascaradas. Mas quem pratica a verdade vem à luz, para que suas obras apareçam, pois são feitas em Deus (Jo 3,14-21).

FIXAR OS OLHOS NO CRUCIFICADO
O evangelista João fala-nos de um estranho encontro de Jesus com um importante fariseu chamado Nicodemos. Segundo o relato, é Nicodemos quem toma a iniciativa e vai encontrar Jesus "de noite". Intui que Jesus é "um homem vindo de Deus", mas encontra-se em dúvida, no meio de trevas, sem saber o que fazer. Jesus vai conduzindo esse homem à luz.

Nicodemos representa no relato todo aquele que busca sinceramente encontrar-se com Jesus. Por isso, em certo momento, Nicodemos desaparece de cena e Jesus prossegue seu discurso para terminar com um convite geral a não viver em trevas, mas buscar a luz.

Segundo Jesus, a luz que pode iluminar tudo está no Crucificado. A afirmação é atrevida: "Tanto amou Deus o mundo que entregou seu Filho único para que não pereça nenhum dos que creem nele, mas tenham vida eterna". Será que podemos ver e sentir o amor de Deus nesse homem torturado na cruz?

Acostumados desde crianças a ver a cruz por toda parte, não aprendemos a fixar os olhos no rosto do Crucificado com fé e com amor. Nosso olhar distraído não é capaz de descobrir nesse rosto a luz que poderia iluminar nossa vida nos momentos mais duros e difíceis.

No entanto, Jesus está nos enviando da cruz sinais de vida e de amor. Nesses braços estendidos, que já não podem abraçar as crianças, e nessas mãos cravadas, que não podem acariciar os leprosos, nem abençoar os enfermos, está Deus com seus braços abertos para acolher, abraçar e sustentar nossas pobres vidas, rasgadas por tantos sofrimentos.

Desse rosto apagado pela morte, desses olhos que já não podem olhar com ternura os pecadores e prostitutas, dessa boca que não pode gritar sua indignação pelas vítimas de tantos abusos e injustiças, Deus está nos revelando seu "amor louco" pela humanidade.

"Deus não enviou seu Filho ao mundo para julgar o mundo, mas para que o mundo seja salvo por Ele". Podemos acolher esse Deus e podemos também rejeitá-lo. Ninguém nos força. Somos nós que temos que decidir. Mas "a luz já veio ao mundo". Por que tantas vezes recusamos a luz que nos vem do Crucificado?

Ele poderia pôr luz na vida mais desgraçada e fracassada, mas "aquele que faz o mal... não se aproxima da luz para não ver-se acusado por suas obras". Quando vivemos de maneira pouco digna, evitamos a luz, porque nos sentimos mal diante de Deus. Não queremos olhar para o Crucificado. Pelo contrário, "quem cumpre a verdade, aproxima-se da luz". Não foge para a escuridão. Não tem nada a ocultar. Busca com seu olhar o Crucificado. Ele o faz viver na luz.

DEUS AMA O MUNDO

Não se trata de uma frase a mais, ou de palavras que poderiam ser eliminadas do Evangelho sem que nada de importante mudasse. Mas é a afirmação que resume o núcleo essencial da fé cristã. "Deus amou tanto o mundo que entregou seu Filho único." Esse amor de Deus é a origem e o fundamento de nossa esperança.

"Deus ama o mundo." E o ama tal como é. Inacabado e incerto. Cheio de conflitos e contradições. Capaz do melhor e do pior. Este mundo não percorre seu caminho sozinho, perdido e desamparado. Deus o envolve com seu amor pelos quatro lados. Isto tem consequências da máxima importância.

Primeiro. Jesus é, antes de tudo, o "dom" que Deus fez ao mundo, não só aos cristãos. Os investigadores podem discutir sem fim sobre muitos aspectos de sua figura histórica. Os teólogos podem continuar desenvolvendo suas teorias mais engenhosas. Só quem se aproxima de Jesus, como o grande dom ou presente de Deus, pode ir descobrindo nele, com emoção e alegria, que Deus está próximo de cada ser humano.

Segundo. A razão de ser da Igreja, a única razão que justifica sua presença no mundo, é lembrar o amor de Deus. O Vaticano II sublinhou isso diversas vezes: a Igreja "é enviada por Cristo para manifestar e comunicar o amor de Deus a todos os seres humanos". Não há nada mais importante. Comunicar esse amor de Deus a todo ser humano é a primeira coisa a fazer.

Terceiro. Segundo o evangelista, Deus dá ao mundo esse grande dom que é Jesus, "não para julgar o mundo, mas para que o mundo seja salvo por Ele". É perigoso fazer da denúncia e da condenação do mundo moderno todo um programa pastoral. Só com o coração cheio de amor a todos podemos chamar-nos uns aos outros à conversão. Se as pessoas se sentem condenadas por Deus, não estamos transmitindo a elas a mensagem de Jesus, mas outra coisa: talvez nosso ressentimento e descontentamento.

Quarto. No momento atual em que tudo parece confuso, incerto e desalentador, nada impede que cada um de nós introduza um pouco de amor no mundo. Foi o que Jesus fez. Não devemos esperar por nada. Por que não haveria nesses momentos homens e mulheres bons que introduzam no mundo amor, amizade, compaixão, justiça, sensibilidade e ajuda aos que sofrem...? Esses constroem a Igreja de Jesus, a Igreja do amor.

Deus é de todos

Poucas frases terão sido tão citadas como esta que o Evangelho de João coloca nos lábios de Jesus. Os autores veem nela um resumo do essencial da fé, tal como era vivida entre os poucos cristãos nos começos do século II: "Deus amou tanto o mundo que entregou seu Filho único".

Deus ama o mundo inteiro, não só aquelas comunidades cristãs às quais chegou a mensagem de Jesus. Deus ama todo gênero humano, não só a Igreja. Deus não é propriedade dos cristãos. Não deve ser monopolizado por nenhuma religião. Não cabe em nenhuma catedral, mesquita ou sinagoga.

Deus habita em todo ser humano acompanhando cada pessoa em suas alegrias e desgraças. Não deixa ninguém abandonado, pois tem seus caminhos para encontrar-se com cada qual, sem que tenha que seguir necessariamente os caminhos que nós lhe indicamos. Jesus o via cada manhã "fazendo surgir o Sol sobre bons e maus".

Deus não sabe nem quer, nem pode fazer outra coisa senão amar, pois, no mais íntimo de seu ser, Ele é amor. Por isso diz o Evangelho que Ele enviou seu Filho único, não para "condenar o mundo", mas para que "o mundo se salve por meio dele". Deus ama o corpo tanto como a alma, e o sexo tanto como a inteligência. O que Ele deseja unicamente é ver já, desde agora e para sempre, a humanidade inteira desfrutando de sua criação.

Este Deus sofre na carne dos famintos e humilhados da Terra; está nos oprimidos defendendo sua dignidade e nos que lutam contra a opressão dando ânimo a seu esforço. Está sempre em nós para "buscar e salvar" o que nós deturpamos e deixamos se perder.

Deus é assim. Nosso maior erro seria esquecê-lo. Mais ainda, fechar-nos em nossos preconceitos, condenações e mediocridade religiosa, impedindo as pessoas de cultivar esta fé primeira e essencial. Para que servem os discursos dos teólogos, dos moralistas, dos pregadores e dos catequistas, se não despertam o louvor ao Criador, se não fazem crescer no mundo a amizade e o amor, se não tornam a vida mais bela e luminosa, lembrando que o mundo está envolto nos quatro lados pelo amor de Deus?

Abrir-nos ao mistério de Deus

Ao longo dos séculos, os teólogos fizeram um grande esforço para aproximar-se do mistério de Deus, formulando, com diferentes construções conceituais, as relações que vinculam e diferenciam as Pessoas divinas no seio da Trindade. Esforço legítimo, sem dúvida, nascido do amor e do desejo de Deus.

Jesus, porém, não segue esse caminho. A partir de sua própria experiência de Deus, convida seus seguidores a relacionar-se de maneira confiante com Deus Pai, a seguir fielmente seus passos de Filho de Deus encarnado, e a deixar-nos guiar e animar pelo Espírito Santo. Assim Ele nos ensina a abrir-nos ao mistério santo de Deus.

Antes de tudo, Jesus convida seus seguidores a viver como filhos e filhas de um Deus próximo, bom e entranhável, que todos podem invocar como Pai querido. O que caracteriza este Pai não é seu poder e sua força, mas sua bondade e sua compaixão infinitas. Ninguém está só. Todos temos um Deus Pai que nos compreende, nos ama e nos perdoa como ninguém.

Jesus nos revela que este Pai tem um projeto nascido de seu coração: construir com todos os seus filhos e filhas um mundo mais humano e fraterno, mais justo e solidário. Jesus o chama "reino de Deus", e convida todos a entrar nesse projeto do Pai, buscando uma vida mais justa e digna para todos, a começar por seus filhos mais pobres, indefesos e necessitados.

Ao mesmo tempo, Jesus convida seus seguidores a também confiar nele: "Não se perturbe o vosso coração. Credes em Deus; crede também em mim". Ele é o Filho de Deus, imagem viva de seu Pai. Suas palavras e seus gestos nos revelam como o Pai de todos nos ama. Por isso convida todos a segui-lo. Ele nos ensinará a viver com confiança e docilidade a serviço do projeto do Pai.

Com seu grupo de seguidores, Jesus quer formar uma família nova, na qual todos busquem "cumprir a vontade do Pai". Esta é a herança que Ele quer deixar na terra: um movimento de irmãos e irmãs a serviço dos mais pequenos e desvalidos. Essa família será símbolo e germe do novo mundo querido pelo Pai.

Para isto precisam acolher o Espírito que anima o Pai e seu Filho Jesus: "Vós recebereis a força do Espírito Santo que virá sobre vós e assim sereis minhas testemunhas". Este Espírito é o amor de Deus, o sopro compartilhado pelo Pai e seu Filho Jesus, a força, o impulso e a energia vital que fará dos seguidores de Jesus suas testemunhas e colaboradores a serviço do grande projeto da Trindade Santa.

O CRISTÃO DIANTE DE DEUS

Nem sempre se torna fácil para nós cristãos relacionar-nos de maneira concreta e viva com o mistério de Deus confessado como Trindade. No entanto, a crise religiosa está nos convidando a cuidar, mais do que nunca, de uma relação pessoal, saudável e gratificante com Deus. Jesus, o Mistério de Deus feito carne no Profeta da Galileia, é o melhor ponto de partida para reavivar uma fé simples.

Como viver diante do Pai? Jesus nos ensina duas atitudes básicas. Em primeiro lugar, uma confiança total. O Pai é bom. Ele nos ama sem fim. Nada lhe importa mais do que o nosso bem. Podemos confiar nele sem medos, receios, cálculos ou estratégias. Viver é confiar no Amor como mistério último de tudo.

Em segundo lugar, uma docilidade incondicional. É bom vivermos atentos à vontade desse Pai, pois Ele só quer uma vida mais digna para todos. Não há uma maneira de viver mais saudável e acertada. Esta é a motivação secreta de quem vive diante do mistério da realidade a partir da fé em um Deus Pai.

O que é viver com o Filho de Deus encarnado? Em primeiro lugar, seguir a Jesus: conhecê-lo, crer nele, sintonizar com Ele, aprender a viver seguindo seus passos. Olhar a vida como Ele a olhava; tratar as pessoas como Ele as tratava; semear sinais de bondade e de liberdade criadora como Ele fazia. Viver fazendo a vida mais humana. Assim vive Deus quando se encarna. Para um cristão não há outro modo de viver mais apaixonante.

Em segundo lugar, colaborar no projeto de Deus que Jesus põe em marcha seguindo a vontade do Pai. Não podemos permanecer passivos. Aos que choram, Deus quer vê-los rindo; aos que têm fome, quer vê-los comendo. Temos que mudar as coisas para que a vida seja vida para todos. Este projeto que Jesus chama "reino de Deus" é o marco, a orientação e o horizonte que nos é proposto a partir do mistério último de Deus para fazer a vida mais humana.

O que é viver animados pelo Espírito Santo? Em primeiro lugar, viver animados pelo amor. É o que se deduz de toda a trajetória de Jesus. O essencial é viver tudo com amor e a partir do amor. Não há nada mais importante. O amor é a força que põe sentido, verdade e esperança em nossa vida. É o amor que nos salva de tantas inércias, erros e misérias.

Por último, quem vive "ungido pelo Espírito de Deus" sente-se enviado de maneira especial para anunciar aos pobres a Boa Notícia. Sua vida tem força libertadora para os encarcerados; dá luz aos que vivem cegos; é um dom para aqueles que se sentem desgraçados.

8
JESUS E A SAMARITANA

Naquele tempo, Jesus chegou a uma cidade da Samaria chamada Sicar, próxima das terras que Jacó havia dado a seu filho José. Ali estava o poço de Jacó. Cansado da viagem, Jesus sentou-se à beira do poço. Era quase meio-dia. Uma mulher da Samaria veio tirar água. Jesus lhe disse: "Dá-me de beber". Os discípulos tinham ido à cidade comprar mantimentos.

A mulher samaritana respondeu-lhe: "Como é que tu, um judeu, pedes de beber a mim, que sou samaritana?" (Pois os judeus não se dão com os samaritanos). Em resposta Jesus lhe disse: "Se conhecesses o dom de Deus e quem é que te diz 'dá-me de beber', serias tu que lhe pedirias, e Ele te daria água viva".

A mulher disse: "Senhor, não tens com que tirar água e o poço é fundo, donde tiras pois essa água viva? Por acaso és maior do que nosso pai Jacó que nos deu o poço do qual ele bebeu, junto com os filhos e os rebanhos?" Jesus respondeu: "Quem bebe dessa água tornará a ter sede, mas quem beber da água que eu lhe der se tornará nele uma fonte que jorra para a vida eterna".

A mulher pediu: "Senhor, dá-me dessa água para que eu não sinta mais sede nem tenha que vir aqui buscar água". Jesus lhe disse: "Vai chamar teu marido e volta aqui". A mulher respondeu: "Eu não tenho marido". Jesus disse: "Respondeste bem: 'não tenho marido'. De fato, tiveste cinco e aquele que agora tens não é teu marido; nisto disseste a verdade".

A mulher disse: "Vejo que és um profeta. Nossos pais adoraram a Deus neste monte e vós dizeis que é em Jerusalém o lugar onde se deve adorar". Jesus lhe disse: "Mulher, acredita em mim, vem a hora em que nem neste mon-

te e nem em Jerusalém adorareis o Pai. Vós adorais o que não conheceis, nós adoramos o que conhecemos, porque a salvação vem dos judeus. Mas vem a hora e já chegou, em que os verdadeiros adoradores hão de adorar o Pai em espírito e verdade; estes são os adoradores que o Pai deseja. Deus é espírito e quem o adora deve adorá-lo em espírito e verdade". A mulher disse a Jesus "Eu sei que o Messias, que se chama Cristo, está para vir. Quando vier, Ele nos fará saber todas as coisas". Disse-lhe Jesus: "Sou eu que falo contigo".

Nisso chegaram os discípulos e se admiravam de que Jesus estivesse falando com uma mulher. Mas ninguém perguntou o que Ele queria ou o que estava falando com ela. A mulher deixou o cântaro, foi à cidade e disse a todos: "Vinde ver um homem que me disse tudo o que eu fiz. Não será ele o Messias?" Eles saíram da cidade e foram até onde estava Jesus.

Nesse meio-tempo, os discípulos insistiam com Ele: "Mestre, come". Mas Jesus lhes disse: "Tenho uma comida que vós não conheceis". Os discípulos perguntaram uns aos outros: "Será que alguém lhe trouxe alguma coisa para comer?" Jesus disse: "Meu alimento é fazer a vontade daquele que me enviou e completar sua obra. Não dizeis vós que daqui a quatro meses chegará a colheita? Pois bem, eu vos digo: Levantai os olhos e olhai os campos já dourados, prontos para a colheita. Quem faz a colheita recebe o salário e recolhe o fruto para a vida eterna, a fim de que se alegrem juntos o semeador e o que colhe. Pois nisto é verdadeiro o provérbio: 'Um é o que semeia, outro, o que colhe'. Eu vos enviei a colher o que não trabalhastes. Outros trabalharam e vós aproveitastes o trabalho deles".

Muitos foram os samaritanos daquela cidade que creram em Jesus pelo fato de a mulher ter dito "Ele me disse tudo o que fiz". Assim, quando os samaritanos foram ter com Jesus, pediram que Ele ficasse com eles. E Jesus ficou ali dois dias. Muitos outros creram quando o ouviram falar. E diziam à mulher: "Já não cremos apenas pelo que disseste. Nós mesmos ouvimos e reconhecemos que este é realmente o Salvador do mundo" (Jo 4,5-42).

O DIÁLOGO COM A SAMARITANA

A cena é cativante. Jesus chega à pequena cidade de Sicar. Está "cansado da viagem". Sua vida é um contínuo caminhar pelos povoados, anunciando esse mundo melhor que Deus quer para todos. Precisa descansar e fica "sentado junto ao poço de Jacó".

Logo chega uma mulher desconhecida e sem nome. É samaritana e vem saciar a sede no poço de Jacó. Com toda espontaneidade, Jesus inicia o diálogo: "Dá-me de beber".

Como Ele se atreve a entrar em contato com alguém que pertence a um povo impuro e desprezível como o samaritano? Como pode rebaixar-se pedindo água a uma mulher desconhecida? Aquilo vai contra tudo que é imaginável em Israel. Jesus se apresenta como um ser necessitado. Precisa beber água e busca ajuda no coração daquela mulher. Há uma linguagem que todos nós entendemos, pois todos sabemos algo do cansaço, da solidão, da sede de felicidade, do medo ou da tristeza.

As necessidades básicas nos unem e nos convidam a ajudar-nos uns aos outros, deixando de lado nossas diferenças. A mulher se surpreende porque Jesus não fala com a superioridade própria dos judeus diante dos samaritanos, nem com a arrogância dos homens para com as mulheres.

Entre Jesus e a mulher criou-se um clima novo, mais humano e real. Jesus expressa seu desejo íntimo: "Se conhecesses o dom de Deus", se soubesses que Deus é um dom que se oferece a todos como amor salvador... Mas a mulher não conhece nada gratuito. A água tem que ser extraída do poço com esforço. O amor de seus maridos foi se apagando, um depois do outro.

Quando ela ouve Jesus falar de uma "água" que acalma a sede para sempre, de um "manancial" interior, que "jorra" com força dando fecundidade e vida eterna, desperta na mulher o anseio de vida plena que habita em todos nós: "Senhor, dá-me dessa água". De Deus pode-se falar com qualquer pessoa, se compartilhamos nossa sede de felicidade, superando nossas diferenças: se profetas e dirigentes religiosos pedem de beber às mulheres, descobrimos entre todos que Deus é Amor e só Amor.

ALGO NÃO VAI BEM NA IGREJA

A cena foi recriada pelo evangelista João, mas nos permite conhecer como era Jesus. Um profeta que sabe dialogar a sós e amistosamente com uma mulher samaritana, pertencente a um povo impuro, odiado pelos judeus. Um homem que consegue perceber a sede do coração humano e restaurar a vida das pessoas. Junto ao poço de Sicar, ambos falam da vida. A mulher convive com um homem que não é seu marido. Jesus o sabe, mas não se indigna nem a recrimina. Fala-lhe de Deus e lhe explica que Deus é um "dom": "Se conhecesses o dom de Deus, tudo mudaria, inclusive tua sede insaciável de vida". No coração da mulher desperta então uma pergunta: "Será que este é o Messias?"

Algo não vai bem em nossa Igreja, se as pessoas mais sós e maltratadas não se sentem ouvidas e acolhidas por nós que nos chamamos seguidores de Jesus. Como vamos introduzir no mundo seu Evangelho sem "sentarnos" para escutar o sofrimento, o desespero ou a solidão das pessoas?

Algo não vai bem em nossa Igreja se as pessoas nos veem quase sempre como representantes da lei e da moral, e não como profetas da misericórdia de Deus. Como vão "adivinhar" em nós aquele Jesus que atraía as pessoas para a vontade do Pai, revelando-lhes seu amor compassivo?

Algo não vai bem em nossa Igreja, quando as pessoas, perdidas numa crise obscura de fé, perguntam por Deus e nós lhes falamos do controle da natalidade, do divórcio ou dos preservativos. De que falaria hoje com as pessoas aquele que dialogava com a samaritana, tratando de mostrar-lhe o melhor caminho para saciar sua sede de felicidade?

Algo vai mal em nossa Igreja, se as pessoas não se sentem queridas por aqueles que são seus membros. Já dizia santo Agostinho: "Se queres conhecer uma pessoa, não perguntes pelo que ela pensa, pergunta pelo que ela ama". Ouvimos falar muito do que pensa a Igreja, mas os que sofrem se perguntam o que a Igreja ama, a quem ama e como os ama. O que podemos responder-lhes de nossas comunidades cristãs?

SE CONHECESSES O DOM DE DEUS...

Não são poucas as pessoas que, ao abandonar a prática religiosa e sua pertença à Igreja, eliminaram também de sua vida toda experiência religiosa. Já não se comunicam com Deus. Toda relação com Ele ficou rompida.

Essa ruptura com Deus não é boa. Não faz a pessoa mais humana nem dá mais força para viver. Não ajuda a caminhar pela vida de maneira mais saudável. Por outro lado, é bom lembrar que há muitos caminhos para comunicar-se com Deus. Cada vida pode ser um caminho para encontrar-se com esse Deus bom que está no fundo de todo ser humano.

Deus é invisível. "Ninguém jamais o viu", diz a Bíblia. É um Deus escondido. Segundo Jesus, esse Deus oculto se revela, não aos grandes e inteligentes, mas aos pequenos e simples, estejam eles dentro ou fora da Igreja.

Deus é inefável. Não é possível defini-lo nem explicá-lo com conceitos. Não podemos falar dele com palavras adequadas. Mas podemos falar-lhe e, o que é mais importante, Ele nos fala, inclusive se nunca abrimos as páginas da Bíblia.

Deus é transcendente e gratuito. Não é obrigado a nada. Ninguém pode condicioná-lo. É amor livre e insondável. Nenhum ser humano fica longe de sua ternura, quer viva dentro ou fora de uma comunidade de crentes.

Às vezes podemos captar sua proximidade em nossa própria solidão. Na realidade, todos estamos profundamente sós diante da existência. Essa solidão última só pode ser visitada por Deus. Se auscultamos até o fundo nosso próprio desamparo, talvez possamos perceber a presença do Amigo fiel que nos acompanha sempre. Por que não abrir-nos a Ele?

Outras vezes podemos encontrá-lo em nossa mediocridade. Quando nos vemos tomados pelo medo ou ameaçados pela depressão e tristeza, Ele está aí. Sua presença é respeito, amor e compreensão. Por que não invocá-lo?

Podemos intuí-lo inclusive em nossas dúvidas e confusão. Quando tudo nos faz afundar e não conseguimos mais crer em nada nem em ninguém, só nos resta Deus. No meio da escuridão pode brotar a claridade interior. Deus nos entende e nos atrai para o bem. Por que não confiar nele?

Deus também está nas mil experiências positivas da vida. No filho que nasce, na festa compartilhada, no trabalho bem-feito, no aconchego íntimo do casal, no passeio que relaxa, no encontro amistoso que renova. Por que não elevar o coração a Deus e agradecer-lhe o dom da vida?

Não podemos esquecer aquela verdade que dizia o velho catecismo: "Deus está em toda parte". Está sempre, está em tudo. Ninguém é esquecido por seu amor de Pai. Deus é um dom para quem o descobre. "Se conhecesses o dom de Deus... Ele te daria água viva". Assim diz Jesus a uma mulher samaritana.

A religião de Jesus

Cansado da caminhada, Jesus se senta junto ao poço de Jacó, nas proximidades da cidade de Sicar. Logo chega uma mulher samaritana para saciar sua sede. Espontaneamente Jesus começa a falar com ela do que traz em seu coração.

No decorrer da conversa, a mulher lhe fala dos conflitos que enfrentam judeus e samaritanos. Os judeus peregrinam a Jerusalém para adorar a Deus. Os samaritanos sobem o monte Garizim, cujo cume se divisa do poço de Jacó. Onde se deve adorar a Deus? Qual é a verdadeira religião? O que pensa o profeta da Galileia?

Jesus começa esclarecendo que o verdadeiro culto a Deus não depende de um determinado lugar, por muito venerável que possa ser. O Pai do céu não está atado a nenhum lugar e não é propriedade de nenhuma religião. Não pertence a nenhum povo concreto.

Não devemos esquecer que para encontrar-nos com Deus não é necessário ir a Roma ou peregrinar a Jerusalém. Não é preciso entrar numa capela ou visitar uma catedral. Do cárcere mais secreto, da sala de terapia intensiva de um hospital, de qualquer cozinha ou lugar de trabalho podemos elevar nosso coração a Deus.

Jesus não fala à samaritana de "adorar a Deus". Sua linguagem é nova. Até por três vezes lhe fala de "adorar o Pai". Por isso não é necessário subir a uma montanha para aproximar-nos um pouco de um Deus longínquo, alheio aos nossos problemas, indiferente aos nossos sofrimentos. O verdadeiro culto começa por reconhecer a Deus como Pai querido que nos acompanha de perto ao longo de nossa vida.

Jesus lhe diz algo mais. O Pai está buscando "verdadeiros adoradores". Não está esperando de seus filhos grandes cerimônias, celebrações solenes, incensos e procissões. Corações simples que o adorem "em espírito e em verdade" é o que Ele deseja.

"Adorar o Pai em espírito" é seguir os passos de Jesus e deixar-nos conduzir como Ele, pelo Espírito do Pai, que o envia sempre para os últimos. Aprender a ser compassivos como o é o Pai. Jesus o diz de maneira clara: "Deus é Espírito, e aqueles que o adoram, devem fazê-lo em espírito". Deus é amor, perdão, ternura, sopro vivificador... e os que o adoram devem assemelhar-se a Ele.

"Adorar o Pai em verdade" é viver na verdade. Voltar constantemente à verdade do Evangelho, sermos fiéis à verdade de Jesus sem fechar-nos em nossas próprias mentiras. Depois de vinte séculos de cristianismo, será que aprendemos a dar culto verdadeiro a Deus? Somos os verdadeiros adoradores que o Pai está buscando?

Não sabemos saborear a fé

Será que uma das maiores desgraças do cristianismo contemporâneo não é a falta de "experiência religiosa"? São muitos os que se dizem cristãos e, no entanto, não sabem o que é desfrutar de sua fé, sentir-se à vontade com Deus e viver saboreando sua adesão a Jesus. Como se pode ser crente sem nunca ter desfrutado do amor acolhedor de Deus?

O desenvolvimento de uma teologia de acentuado caráter racional e a importância que foi dada no Ocidente à formulação conceitual levou com frequência a entender e viver a fé como uma "adesão doutrinal" a Jesus Cristo. Muitos cristãos "creem coisas" sobre Jesus, mas não sabem comunicar-se prazerosamente com Ele.

Às vezes acontece algo parecido na celebração litúrgica. Observam-se corretamente os ritos e se pronunciam belas palavras, mas tudo parece acontecer "fora" das pessoas. Canta-se com os lábios, mas o coração está ausente. Recebe-se o corpo do Senhor, mas não acontece uma comunicação viva com Ele.

Também é significativo o que acontece com a leitura da Bíblia. Os avanços da exegese moderna nos permitiram conhecer como nunca a composição dos livros sagrados, os gêneros literários ou a estrutura dos evangelhos. No entanto, não aprendemos a saborear o Evangelho de Jesus.

Tudo isto gera uma sensação estranha. Dir-se-ia que estamos nos movendo na "epiderme da fé". Na Igreja não faltam palavras nem sacramentos. Prega-se todos os domingos. Celebra-se a Eucaristia. Também há batismos, primeiras comunhões e confirmações. Mas falta "algo", e não é fácil dizer exatamente o quê. Não é isto que os primeiros crentes viveram.

Precisamos de uma nova experiência do Espírito que nos faça viver por dentro e nos ensine a "sentir e degustar as coisas internamente", como dizia Inácio de Loyola. Falta-nos degustar o que dizemos crer; saborear em nós a presença calada, mas real, de Deus. Falta-nos espontaneidade com Ele, confiança prazerosa em seu amor.

Esta experiência de Deus não é fruto de nossos esforços e trabalhos. Devemos "dar lugar" ao Espírito na vida e no coração, em nossas celebrações e na comunidade cristã. A Igreja de nossos dias deve escutar atentamente também hoje as palavras de Jesus à samaritana: "Se conhecesses o dom de Deus..." Só quando o crente se abre à ação do Espírito, Ele descobre essa água viva prometida por Jesus, que se converte dentro de nós em "manancial que jorra para a vida eterna".

9
COMPARTILHAR O PÃO

Naquele tempo, Jesus partiu para o outro lado do mar da Galileia, isto é, de Tiberíades. Uma grande multidão o seguia, pois tinham visto os sinais que Ele fazia com os enfermos. Jesus subiu ao monte e sentou-se ali com os discípulos. Estava próxima a Páscoa, a festa dos judeus. Jesus levantou os olhos e, ao ver a grande multidão que vinha ter com Ele, disse a Filipe: "Onde compraremos pão para dar-lhes de comer?" (Dizia isto para experimentá-lo, pois bem sabia o que ia fazer). Filipe lhe respondeu: "Nem duzentas moedas de prata seriam suficientes para cada um receber um pedaço de pão".

Um dos discípulos, André, o irmão de Simão Pedro, lhe disse: "Está aqui um menino que tem cinco pães de cevada e dois peixes. Mas o que é isso para tanta gente?" Disse Jesus: "Fazei todos sentar-se no chão". Havia naquele lugar muita grama. Sentaram-se, pois, os homens em número de uns cinco mil. Então Jesus tomou os pães, deu graças e deu-os aos que estavam sentados. Fez o mesmo com os peixes, dando-lhes o quanto queriam. Depois de saciados, disse aos discípulos: "Recolhei os pedaços que sobraram, para não se perder". Eles os recolheram e encheram doze cestos de pedaços que sobraram dos cinco pães de cevada.

Vendo o sinal que Jesus tinha feito, aquela gente dizia: "Na verdade este é o profeta que há de vir ao mundo". Percebendo Jesus que pretendiam levá-lo à força para fazê-lo rei, retirou-se de novo, sozinho, para o monte (Jo 6,1-15).

Nosso grande pecado

O episódio da multiplicação dos pães gozou de grande popularidade entre os seguidores de Jesus. Todos os evangelistas o relatam. Certamente comoviam-se ao pensar que aquele homem de Deus se havia preocupado em alimentar uma multidão que estava com fome e não tinham o que comer.

Segundo a versão de João, quem pensou primeiro na fome daquela multidão que acorreu para ouvi-lo, foi Jesus. Essa gente precisa comer. É preciso fazer alguma coisa para eles. Assim era Jesus. Vivia pensando nas necessidades básicas do ser humano.

Filipe o faz ver que não têm dinheiro. Entre os discípulos, todos são pobres: não podem comprar pão para tanta gente. Jesus sabe disso. Os que têm dinheiro não resolverão o problema da fome no mundo. É preciso algo mais do que dinheiro.

Jesus vai ajudá-los a vislumbrar um caminho diferente. Antes de tudo é necessário que ninguém reserve o que é seu para si mesmo, se há outros que passam fome. Seus discípulos terão de aprender a pôr à disposição dos famintos o que tenham, mesmo que sejam apenas "cinco pães e dois peixes".

A atitude de Jesus é a mais simples e humana que podemos imaginar. Mas quem nos ensinará a compartilhar, se só sabemos acumular? Quem vai libertar-nos de nossa indiferença diante dos que morrem de fome? Será que existe algo que pode fazer-nos mais humanos? Será que um dia acontecerá esse "milagre" da verdadeira solidariedade entre todos?

Jesus pensa em Deus. Não é possível crer nele como Pai de todos e viver deixando seus filhos e filhas morrer de fome. Por isso Ele toma os alimentos que foram recolhidos no grupo, "levanta os olhos ao céu e pronuncia a ação de graças". A terra e o que ela produz para alimentar-nos, tudo isto estamos recebendo de Deus. Esse dom do Pai é destinado a todos os seus filhos e filhas. Se vivemos privando os outros do que necessitam para viver, é que esquecemos isso. Este é o nosso grande pecado.

Ao compartilhar o pão da Eucaristia, os primeiros cristãos se sentiam alimentados por Cristo ressuscitado, mas ao mesmo tempo lembravam o gesto de Jesus e compartilhavam seus bens com os mais necessitados. Sentiam-se irmãos. Ainda não haviam esquecido o espírito de Jesus.

COMPARTILHAR O PÃO

Nenhum evangelista sublinhou tanto como João o caráter eucarístico da "multiplicação dos pães". Seu relato evoca claramente a celebração eucarística das primeiras comunidades. Para os primeiros crentes, a Eucaristia não era só a lembrança da morte e ressurreição do Senhor. Era, ao mesmo tempo, uma "vivência antecipada da fraternidade do reino".

Durante muitos anos insistimos tanto na dimensão sacrificial da Eucaristia que acabamos esquecendo outros aspectos da ceia do Senhor. Talvez hoje tenhamos que recordar com mais força que esta ceia é sinal da comunhão e fraternidade que devemos promover entre nós e que alcançará sua verdadeira plenitude na consumação do reino. A Eucaristia deveria ser para os crentes um convite constante a viver compartilhando o que é nosso com os necessitados, mesmo que sejam apenas "cinco pães e dois peixes".

A Eucaristia nos obriga a perguntar-nos que relações existem entre aqueles que a celebram, pois sendo "sinal de comunhão fraterna", converte-se em farsa quando nela participam todos, tanto os que vivem satisfeitos em seu bem-estar como os que passam necessidade, os que se aproveitam dos outros como os marginalizados, sem que a celebração pareça questionar ninguém seriamente.

Às vezes nos preocupa se o celebrante pronunciou as palavras prescritas no ritual. Chegamos ao ponto de criar problema se devemos receber a hóstia sagrada na boca ou na mão. E, ao mesmo tempo, parece que pouco nos preocupa a celebração de uma Eucaristia que não é sinal de verdadeira fraternidade, nem impulso para buscá-la.

E, não obstante, há algo que aparece bem claro na tradição da Igreja: "Quando falta a fraternidade, sobra a Eucaristia" (Luis González-Carvajal). Quando não há justiça, quando não se vive de maneira solidária, quando não se trabalha para mudar as coisas, quando não se vê esforço para compartilhar os problemas dos que sofrem, a celebração eucarística se esvazia de sentido. Com isto não se quer dizer que só quando vivermos entre nós uma fraternidade verdadeira poderemos celebrar a Eucaristia. Não temos que esperar desaparecer a última injustiça para podermos celebrá-la, mas também não podemos continuar a celebrá-la, sem que ela nos impulsione a comprometer-nos por um mundo mais justo.

Responsáveis

De modo geral, criticamos com muita tranquilidade a sociedade moderna como injusta, não solidária e pouco humana, porque, no fundo, pensamos que são os outros que têm a culpa de tudo. Os verdadeiros culpados se encontrariam ocultos por trás do sistema: as multinacionais, os dirigentes políticos, os mercados financeiros... E, naturalmente, se "eles" são os culpados, "nós" somos inocentes.

Sem dúvida há culpados poderosos dos abusos e injustiças, mas há também uma culpa que está como que "diluída" em toda a sociedade e que nos toca ou inclui a todos. Interiorizamos um tipo de cultura que nos leva a pensar, sentir e ter comportamentos que sustentam e facilitam o funcionamento dessa sociedade pouco humana.

Pensemos, por exemplo, na cultura consumista. Podemos estudar o que significa objetivamente uma economia de mercado, a produção em massa de produtos, o funcionamento da publicidade e tantos outros fatores, mas temos de analisar também nosso comportamento, o de cada um de nós.

Se me deixo modelar pela cultura consumista, isto significa que valorizo mais meu próprio bem-estar do que a solidariedade; que penso que o bem-estar se obtém, sobretudo, possuindo coisas, em vez de ir melhorando meu modo de ser; que tenho como meta secreta ganhar sempre mais, e para isso conseguir o maior êxito profissional e econômico.

Isto pode levar-me facilmente a considerar como algo "normal" uma sociedade profundamente desigual, onde cada um tem o que merece: há indivíduos eficientes que conseguem um nível apropriado a seus esforços. E há um setor de pessoas pouco hábeis e não trabalhadoras que nunca conseguirão um nível digno nesta sociedade.

A partir daqui organizamos nossa vida de maneira "inteligente". Naturalmente, valorizamos a amizade, a convivência familiar e o círculo de amigos. Apreciamos inclusive os gestos de generosidade e a ajuda ao necessitado. Mas temos que saber calcular. Não devemos nunca perder de vista nosso próprio interesse. Temos que saber dar "de maneira inteligente".

Podemos continuar lançando a culpa em outros, mas cada um é responsável por este modo de vida pouco humano. Por isso é bom deixar-nos sacudir de vez em quando pela interpelação surpreendente do Evangelho. O relato da multiplicação dos pães é um "sinal messiânico" que revela Jesus como o Enviado a alimentar o povo, mas encerra também um convite a trazer o que cada um pode ter para alimentar-nos todos.

A EUCARISTIA COMO ATO SOCIAL

Segundo os exegetas, a multiplicação dos pães é um relato que nos permite descobrir o sentido que a Eucaristia tinha para os primeiros cristãos, como gesto de pessoas humanas que sabem partir e compartilhar o que possuem.

Segundo o relato, Jesus vinha acompanhado de uma multidão de pessoas necessitadas e famintas. Os pães e os peixes não se compram, mas se reúnem. E tudo se multiplica e se distribui sob a ação de Jesus que abençoa o pão, parte o pão e o faz distribuir entre os necessitados.

Esquecemos frequentemente que, para os primeiros cristãos, a Eucaristia não era só uma liturgia, mas um ato social no qual cada um colocava seus bens à disposição dos necessitados. Num conhecido texto do século

II, no qual são Justino nos descreve como os cristãos celebravam a Eucaristia semanal, diz-se que cada um entregava o que possuía para "socorrer os órfãos e as viúvas, os que sofrem por enfermidade ou por outra causa, os que estão nos cárceres, os forasteiros de passagem e, numa palavra, todos que estão necessitados".

Durante os primeiros séculos, era inconcebível ir celebrar a Eucaristia sem levar algo para ajudar os indigentes e necessitados. Assim Cipriano, bispo de Cartago, reprova uma rica matrona: "Teus olhos não veem o necessitado e o pobre, porque estão obscurecidos e cobertos por uma noite espessa. És afortunada e rica, mas imaginas celebrar a ceia do Senhor sem ter em conta a oferenda. Vens à ceia do Senhor sem oferecer nada. Suprimes a parte da oferenda que é do pobre".

A oração que se faz hoje pelas diversas necessidades das pessoas não é um acréscimo postiço e externo à celebração eucarística, A própria Eucaristia exige repartir e compartilhar. Domingo após domingo, nós crentes que nos aproximamos para compartilhar o pão eucarístico devemos sentir-nos chamados a compartilhar mais de verdade nossos bens com os necessitados.

Seria uma contradição pretender compartilhar como irmãos a mesa do Senhor fechando nosso coração aos que, nesses momentos, vivem a angústia de um futuro incerto. Jesus não pode abençoar nossa mesa, se cada um guarda para si o pão e peixes que são de todos.

EUCARISTIA E CRISE ECONÔMICA

Todos nós cristãos já sabemos que a Eucaristia dominical pode converter-se facilmente num "refúgio religioso" que nos protege da vida conflitiva em que nos movemos ao longo da semana. É tentador ir à missa para compartilhar uma experiência religiosa que nos permite descansar dos problemas, tensões e más notícias que nos pressionam por toda parte.

Às vezes somos sensíveis ao que afeta a dignidade da celebração, mas pouco nos preocupa esquecer as exigências entranhadas na celebração da ceia do Senhor. Incomoda-nos que um sacerdote não se atenha estritamente às normas rituais, mas podemos continuar celebrando rotineiramente a missa sem dar ouvidos aos apelos do Evangelho.

O risco é sempre o mesmo: comungar com Cristo no íntimo do coração sem preocupar-nos em comungar com os irmãos que sofrem. Compartilhar o pão da Eucaristia e ignorar a fome de milhões de irmãos privados de pão, de justiça e de futuro.

Nos próximos anos os efeitos da crise se agravarão muito mais do que temíamos. A cascata de medidas que nos ditam de maneira inapelável e implacável fará crescer entre nós uma desigualdade injusta. Veremos como pessoas de nossa vizinhança mais ou menos próxima vão empobrecendo até ficar à mercê de um futuro incerto e imprevisível.

Vamos conhecer de perto imigrantes privados de assistência sanitária, enfermos sem saber como resolver seus problemas de saúde ou de medicação, famílias obrigadas a viver da caridade, pessoas ameaçadas pelo despejo, gente desassistida, jovens sem um futuro certo... Não podemos evitar tudo isto. Ou endurecemos nossos hábitos egoístas de sempre, ou nos tornamos mais solidários.

A celebração da Eucaristia no meio desta sociedade em crise pode ser um lugar de conscientização. Precisamos libertar-nos de uma cultura individualista, que nos acostumou a viver pensando só em nossos próprios interesses, para aprender simplesmente a sermos mais humanos. Toda Eucaristia está orientada para criar fraternidade.

Não é normal escutar todos os domingos, ao longo do ano, o Evangelho de Jesus sem reagir diante de seus chamados. Não podemos pedir ao Pai "o pão nosso de cada dia" sem pensar naqueles que têm dificuldades para obtê-lo. Não podemos comungar com Jesus sem tornar-nos mais generosos e solidários. Não podemos dar-nos a paz uns aos outros sem estar dispostos a estender a mão aos que estão mais sós e indefesos diante da crise.

10
CRER EM JESUS

Naquele tempo, quando a multidão percebeu que nem Jesus, nem os discípulos estavam ali, todos entraram nos barcos e vieram a Cafarnaum à procura de Jesus. Ao encontrar Jesus na outra margem, perguntaram: "Mestre, quando chegaste aqui?" Jesus respondeu: "Na verdade eu vos digo: vós me procurais, não porque vistes os sinais, mas porque comestes o pão e ficastes saciados. Esforçai-vos, não pelo alimento que se estraga, e sim pelo alimento que permanece até a vida eterna. É este o alimento que o Filho do homem vos dará, porque Deus Pai o marcou com seu selo". Então lhe perguntaram: "O que devemos fazer para trabalhar nas obras de Deus?" Jesus respondeu: "A obra de Deus é que acrediteis naquele que Ele enviou".

Então lhe perguntaram: "Mas tu, que sinal fazes para que vejamos e acreditemos em ti? Qual é a tua obra? Nossos pais comeram o maná no deserto, como está escrito: 'Deu-lhes para comer o pão do céu'". Jesus respondeu: "Na verdade eu vos digo: não foi Moisés que vos deu o pão do céu. Meu Pai é que vos dá o verdadeiro pão do céu, pois o pão de Deus é aquele que desce do céu e dá vida ao mundo". Disseram-lhe então: "Senhor, dá-nos sempre desse pão".

Jesus respondeu: "Eu sou o pão da vida. Quem vem a mim já não terá fome, e quem crer em mim jamais terá sede" (Jo 6,24-35).

O CORAÇÃO DO CRISTIANISMO

As pessoas precisam de Jesus e o buscam. Há algo nele que as atrai, mas ainda não sabem exatamente por que o buscam nem para quê. Segundo o evangelista, muitos o fazem porque no dia anterior distribuiu-lhes pão para saciar sua fome.

Jesus começa a conversar com eles. Há coisas que convém esclarecer desde o princípio. O pão material é muito importante. Ele mesmo ensinou-lhes a pedir a Deus "o pão de cada dia" para todos. Mas o ser humano necessita de algo mais. Jesus quer oferecer-lhes um alimento que pode saciar para sempre sua fome de vida.

As pessoas percebem que Jesus está lhes abrindo um horizonte novo, mas não sabem o que fazer, nem por onde começar. O evangelista resume suas interrogações com estas palavras: "E que obras temos que fazer para trabalhar no que Deus quer?" Há naquela gente um desejo sincero de acertar. Querem trabalhar no que Deus quer, mas acostumadas a pensar tudo a partir da Lei, perguntam a Jesus que obras, práticas e observâncias novas têm que levar em conta?

A resposta de Jesus vai direto ao coração do cristianismo: "A obra [no singular] que Deus quer é esta: que creiais naquele que Ele enviou". Deus só quer que creiam em Jesus Cristo, pois Ele é o grande dom que Ele enviou ao mundo. Esta é a nova exigência. Nisto devem trabalhar. O demais é secundário.

Depois de vinte séculos de cristianismo, será que não devemos descobrir de novo que toda a força e originalidade da Igreja estão em crer em Jesus Cristo e segui-lo? A fé cristã não consiste primordialmente em ir cumprindo corretamente um código de práticas e observâncias novas, superiores às do Antigo Testamento. Não. A identidade cristã está em aprender a viver um modo de vida que nasce da relação viva e confiante em Jesus, o Enviado do Pai. Vamos nos tornando cristãos à medida que aprendemos a pensar, sentir, amar, trabalhar, sofrer e viver como Jesus.

Ser cristão exige hoje uma experiência de Jesus e uma identificação com seu projeto que não se requeria há uns anos para ser um bom praticante. Para subsistir no meio da sociedade leiga, as comunidades cristãs precisam cuidar mais do que nunca da adesão e do contato vital com Jesus, o Cristo.

COMO CRER EM JESUS

Segundo o Evangelho de João, Jesus está conversando com a multidão às margens do mar da Galileia. Ele lhes diz que não trabalhem por qualquer coisa, que não pensem só num "alimento perecedouro". O importante é trabalhar tendo como horizonte "a vida eterna".

Sem dúvida, Jesus tem razão. Mas qual é o trabalho que Deus quer? Esta é a pergunta das pessoas: Como podemos nos ocupar nos trabalhos que Deus quer? A resposta de Jesus não deixa de ser desconcertante. O único trabalho que Deus quer é este: "Que creiais naquele que Deus enviou". O que significa isto?

"Crer em Jesus" não é uma experiência teórica, um exercício mental. Não consiste simplesmente numa adesão religiosa. É um "trabalho" no qual seus seguidores devem ocupar-se ao longo de sua vida. Crer em Jesus é algo que deve ser cuidado e trabalhado dia a dia.

"Crer em Jesus" é configurar a vida a partir dele, convencidos de que sua vida foi verdadeira: uma vida que conduz à vida eterna. Sua maneira de viver Deus como Pai, sua forma de reagir sempre com misericórdia, seu empenho em despertar esperança é o melhor que o ser humano pode fazer.

"Crer em Jesus" é viver e trabalhar por algo último e decisivo: esforçar-se por um mundo mais humano e justo; tornar mais real e mais crível a paternidade de Deus; não esquecer aqueles que correm o risco de serem esquecidos por todos, inclusive pelas religiões. E fazer tudo isto sabendo que nosso pequeno compromisso, sempre pobre e limitado, é o trabalho mais humano que podemos fazer.

Por isso, desentender-nos da vida dos outros, viver tudo com indiferença, fechar-nos só em nossos interesses, ignorar o sofrimento das pessoas que encontramos em nosso caminho... são atitudes que indicam que não estamos "trabalhando" nossa fé em Jesus.

Não basta o efêmero

Não são mais as religiões nem os pensadores que estabelecem as pautas de comportamento ou o estilo de vida. A "nova sociedade" está cada vez mais orientada e determinada pela moda consumista. O importante é desfrutar do último produto ou bem que se nos oferece, conhecer novas sensações e experiências. A lógica de "satisfazer desejos" vai impregnando tudo.

Nasceu o que o sociólogo francês Gilles Lipovetsky chama o "indivíduo-moda", de personalidade e gostos flutuantes, sem laços profundos, atraído pelo efêmero. Um indivíduo sem ideais nem aspirações, ocupado sobretudo em desfrutar, ter coisas, estar em forma, viver entretido e relaxar. Um indivíduo mais interessado em conhecer o lado meteorológico do fim de semana do que o sentido de sua vida.

Não vamos demonizar esta sociedade. É bom viver em nossos dias e dispor de tantas possibilidades para alimentar as diversas dimensões da vida. O mal é deixar-nos esvaziar por dentro, exclusivamente agarrados a "necessidades superficiais". Deixar de fazer o bem para só buscar o próprio bem-estar, viver alheios a tudo que não seja o próprio interesse, cair na indiferença, esquecer o amor.

Não é supérfluo lembrar em nossa sociedade a advertência de Jesus: "Trabalhai não pelo alimento que perece, mas pelo alimento que perdura para a vida eterna". O próprio Lipovetsky, que tanto sublinha em seus estudos os aspectos positivos da moda consumista, não duvida em lembrar que "o ser humano atual se caracteriza pela vulnerabilidade". Quando o indivíduo se alimenta só do efêmero, fica sem raízes nem consistência interior. Qualquer adversidade provoca uma crise, qualquer problema adquire dimensões desmesuradas. É fácil cair na depressão ou no sem-sentido. Sem alimento interior, a vida corre perigo. Não se pode viver só de pão. Necessitamos de algo mais.

Nostalgia e eternidade

Quando observamos que os anos vão deteriorando nossa saúde e que também nós vamos nos aproximando do final de nossos dias, algo se rebela em nosso interior. Por que temos de morrer se, do fundo de nosso ser, algo nos diz que fomos feitos para viver?

A lembrança de que nossa vida vai se gastando dia a dia sem parar faz nascer em nós um sentimento de impotência e pena. A vida deveria ser mais bela para todos, mais prazerosa, mais longa. No fundo todos desejamos ardentemente uma vida feliz e eterna.

O ser humano sempre sentiu nostalgia de eternidade. Aí estão os poetas de todos os povos cantando a fugacidade da vida, ou os grandes artistas tratando de deixar uma obra imortal para a posteridade, ou simplesmente os pais querendo perpetuar-se em seus filhos mais queridos.

Aparentemente, hoje as coisas mudaram. Os artistas afirmam que não pretendem trabalhar para a imortalidade, mas só para a época. A vida vai mudando de maneira tão vertiginosa que os pais têm até dificuldade de reconhecer-se em seus filhos. Mas a nostalgia de eternidade continua viva, embora talvez se manifeste de maneira mais ingênua.

Hoje se tenta por todos os meios deter o tempo dando culto ao jovem. O homem moderno não crê na eternidade e, por isso mesmo, esforça-se por eternizar um tempo privilegiado de sua vida atual. Não é difícil ver como o horror ao envelhecimento e o desejo de agarrar-se à juventude levam às vezes a comportamentos que se aproximam do ridículo.

Às vezes os crentes são ridicularizados dizendo que, diante do temor da morte, inventam para si um céu onde projetam inconscientemente seus desejos de eternidade. E quase ninguém critica esse neorromantismo moderno daqueles que buscam inconscientemente instalar-se numa "eterna juventude".

Quando o ser humano busca eternidade, não está pensando estabelecer-se na terra de uma maneira um pouco mais confortável para prolongar sua vida o mais possível. O que Ele anseia não é perpetuar para sempre essa mescla de prazeres e sofrimentos, êxitos e decepções que já conhece, mas encontrar uma vida de qualidade definitiva que responda plenamente à sua sede de felicidade.

O Evangelho nos convida a "trabalhar por um alimento que não perece, mas que perdura para a vida eterna". O crente se preocupa em alimentar o que nele há de eterno, arraigando sua vida em um Deus que vive para sempre e num amor que é "mais forte do que a morte".

Sugestões para encontrar-nos com Deus

Há pessoas que desejam sinceramente encontrar a Deus, mas não sabem que caminho seguir. Sem dúvida, cada um deve fazer seu percurso pessoal, e ninguém pode assinalar-nos de fora os passos concretos que devemos dar, mas há sugestões que podem ajudar a todos nós. Eis a seguir algumas.

Se buscas a Deus, antes de tudo deixa de temê-lo. Há pessoas que, quando ouvem falar de Deus, começam a pensar em suas misérias e pecados. Este tipo de medo de Deus está te afastando dele. Deus te conhece e te ama. Ele saberá encontrar o caminho para entrar em tua vida, por medíocre que sejas.

Não tenhas pressa. Atua com calma. Há pessoas que, durante uns dias, fazem muitas coisas: rezam, leem livros, buscam métodos para fazer oração. Mas aos poucos abandonam tudo e voltam à sua vida de sempre. Tu deves caminhar devagar. Descobre humildemente tua pobreza e necessidade de Deus. Ele não está no final de não sei que esforços. Já está junto de ti, desejando fazer-te viver.

Desce ao teu coração e chega até as raízes mais secretas de tua vida. Tira as máscaras. Como vais caminhar disfarçado ao encontro com Deus? Não tens necessidade de ocultar tuas feridas nem tua desordem. Pergunta-te sinceramente: O que ando buscando na vida? Por que não há paz em meu coração? O que preciso para viver com mais alegria? Por aí encontrarás um caminho para chegar a Deus.

Aprende a rezar. Pode fazer-te bem buscar um lugar tranquilo e reservar um tempo apropriado. No começo não saberás o que fazer, e podes sentir-te até incômodo. Faz tanto tempo que não paraste diante de Deus. Busca na Bíblia o livro dos Salmos e começa a recitar bem devagar algum deles. Para só naquelas frases que te dizem algo. Sem tardar descobrirás que os salmos refletem teus sofrimentos e tuas alegrias, teus anseios e tua busca de Deus. Quando tiveres aprendido a saboreá-los, já não os deixarás.

Toma o Evangelho em tuas mãos. Não é um livro a mais. Nele encontrarás Jesus. Ele é o verdadeiro caminho que te levará a Deus. Toma tempo para lê-lo e saboreá-lo. Costuma-se dizer que o Evangelho é uma "regra de vida". É verdade. Mas antes de tudo é uma "Boa Notícia". Medita as palavras de Jesus e seus gestos. Sentirás que algo começa a mover-se em teu coração. Jesus te irá sanando. Ele te ensinará a viver.

Se és constante e segues alimentando tua vida nesses evangelhos que te conduzem a Jesus, um dia descobrirás quanta verdade encerram suas palavras. "Eu sou o pão da vida. Quem vem a mim não passará fome, e quem crê em mim nunca mais terá sede".

11
ATRAÇÃO POR JESUS

Naquele tempo, os judeus começaram a murmurar contra Jesus porque Ele dissera: "Eu sou o pão que desceu do céu". E diziam: "Não é ele Jesus, o filho de José? Nós conhecemos seu pai e sua mãe. Como então pode dizer: eu desci do céu?" Jesus respondeu: "Não murmureis entre vós. Ninguém pode vir a mim se o Pai que me enviou não o atrair; e eu o ressuscitarei no último dia. Está escrito nos Profetas: 'Todos serão ensinados por Deus'. Quem ouve o Pai e é instruído por Ele, vem a mim. Não que alguém tenha visto o Pai, pois só aquele que está em Deus é que viu o Pai. Na verdade eu vos digo: quem crê tem a vida eterna. Eu sou o pão da vida. Vossos pais comeram o maná no deserto e morreram. Este é o pão que desce do céu, para que não morra quem dele comer. Eu sou o pão vivo descido do céu. Se alguém comer deste pão viverá para sempre. E o pão que eu darei é minha carne para a vida do mundo" (Jo 6,41-52).

ATRAÇÃO POR JESUS

O evangelista João repete constantemente expressões e imagens de grande força para gravar bem nas comunidades cristãs que sempre deverão aproximar-se de Jesus para descobrir nele a fonte de uma vida nova. Um princípio vital que não se compara com nada que possam ter conhecido anteriormente.

Jesus é "o pão que desceu do céu". Não deve ser confundido com qualquer outra fonte de vida. Em Jesus Cristo podemos alimentar-nos de uma força, uma luz, uma esperança, um sopro vital... que vêm do próprio mistério de Deus, o criador da vida. Jesus é "o pão da vida".

Precisamente por isso não é possível encontrar-nos com Ele de qualquer maneira. Temos que ir ao mais profundo de nós mesmos, abrir-nos a Deus e "escutar atentamente o que nos diz o Pai". Ninguém pode sentir verdadeira atração por Jesus "se o Pai que o enviou não o atrair".

O que mais atrai em Jesus é sua capacidade de dar vida. Quem crê em Jesus Cristo e sabe entrar em contato com Ele conhece uma vida diferente, de qualidade nova, uma vida que, de alguma maneira, já pertence ao mundo de Deus. João se atreve a dizer que "quem comer deste pão viverá para sempre".

Se na Igreja não nos alimentamos do contato com Jesus, continuaremos ignorando o mais essencial e decisivo do cristianismo. Por isso não há nada pastoralmente mais urgente do que cuidar bem de nossa relação com Jesus, o Cristo.

Se não nos sentimos atraídos pelo Filho de Deus, encarnado num ser tão humano, próximo e cordial, ninguém nos tirará do estado de mediocridade em que habitualmente vivemos submersos. Ninguém nos estimulará a ir mais longe do que o estabelecido por nossas instituições. Ninguém nos animará a ir além do que estabelecem nossas tradições.

Se Jesus não nos alimenta com sua criatividade, vamos continuar presos no passado, vivendo nossa religião de formas, conceitos e sensibilidades que nasceram e se desenvolveram em outras épocas e para outros tempos que não são os nossos. Mas, então, Jesus não poderá contar com nossa cooperação para gerar a fé no coração dos homens e mulheres de hoje.

Escutar a voz de deus na consciência

Jesus está discutindo com um grupo de judeus. Num determinado momento, faz uma afirmação de grande importância: "Ninguém pode vir a mim se o Pai não o atrair". E mais adiante continua: "Quem ouve o Pai e é instruído por Ele, vem a mim".

A incredulidade começa a brotar em nós desde o momento em que começamos a organizar nossa vida de costas para Deus. Simplesmente isto. Deus vai permanecendo aí como algo de pouca importância, acantonado em algum lugar esquecido de nossa vida. É fácil então viver ignorando a Deus.

Mesmo nós que nos dizemos crentes estamos perdendo a capacidade para escutar a Deus. Não que Deus não fale no fundo das consciências. É que, cheios de ruídos e autossuficiência, já não sabemos mais perceber sua presença calada em nós.

Talvez seja esta a nossa maior tragédia. Estamos expulsando Deus de nosso coração. Resistimos a escutar seu chamado e nos ocultamos de seu olhar amoroso. Preferimos "outros deuses" com quem viver de maneira mais cômoda e menos responsável.

Mas, sem Deus no coração, ficamos como que perdidos. Já não sabemos de onde viemos, nem para onde vamos. Não reconhecemos o que é o essencial e o que é pouco importante. Cansamo-nos buscando segurança e paz, mas nosso coração continua inquieto e inseguro.

Fizeram-nos esquecer que a paz, a verdade e o amor são despertados em nós quando nos deixamos guiar por Deus. Tudo adquire então nova luz. Tudo começa a ser visto de maneira mais amável e esperançosa.

O Concílio Vaticano II fala da "consciência" como "o núcleo mais secreto" do ser humano, o "sacrário" no qual a pessoa "se sente a sós com Deus", um espaço interior onde "a voz de Deus ressoa em seu recinto mais íntimo". Descer até o fundo desta consciência para escutar os anseios mais nobres do coração é o caminho mais simples para escutar a Deus. Quem ouve essa voz interior se sentirá atraído para Jesus.

Não é o normal

A muitos homens e mulheres de minha geração, nascidos em famílias crentes, batizados com poucos dias de vida e sempre educados num ambiente cristão, poderia ter sucedido o mesmo que a mim. Respiramos a fé de maneira tão natural que podemos chegar a pensar que o normal é ser crente. É curiosa a nossa linguagem. Falamos como se crer fosse o estado mais normal. Quem não adota uma postura crente diante da vida é considerado como um homem ou uma mulher a quem falta algo. Então o designamos com uma forma privativa: "in-crente" ou "in-crédulo".

Não nos damos conta de que a fé não é algo natural, mas um dom imerecido. Os incrédulos não são pessoas tão estranhas como pode parecer-nos. Ao contrário, nós cristãos é que temos que reconhecer que parecemos bastante estranhos.

É normal ser hoje discípulos de um homem injustiçado pelos romanos há vinte séculos, do qual proclamamos que ressuscitou dentre os mortos, porque era nada menos que o Filho de Deus feito homem? É razoável esperar num além que poderia ser somente a projeção de nossos desejos e o engano colossal da humanidade?

Não é surpreendente pretender acolher o próprio Cristo em nossa vida, alimentando-nos de seu corpo e seu sangue em ritos e celebrações de caráter tão arcaico? Não é uma presunção rezar crendo que Deus nos ouve, ou ler os livros sagrados pensando que Deus está nos falando?

O encontro com incrédulos que nos manifestam honradamente suas dúvidas e incertezas pode ajudar a nós cristãos de hoje a viver a fé de maneira mais realista e humilde, mas também com maior alegria e gratidão.

Ainda que nós cristãos tenhamos razões para crer – do contrário deixaríamos de crer – a fé, como diz são Paulo, "não se fundamenta na sabedoria humana". A fé não é algo natural e espontâneo. É um dom imerecido, uma aventura extraordinária. Um modo de "estar na vida" que nasce e se alimenta da graça de Deus.

Nós crentes deveríamos escutar hoje de maneira bem particular as palavras de Jesus: "Não critiqueis. Ninguém pode vir a mim se o Pai que me enviou não o atrair". Mais do que encher nosso coração de críticas amargas, devemos abrir-nos à ação do Pai.

Para crer é importante enfrentar a vida com sinceridade total, mas é decisivo deixar-se guiar pela mão amorosa desse Deus que conduz misteriosamente nossa vida.

Saber viver

Quantas vezes ouvimos isto: "O que verdadeiramente importa é saber viver". E, no entanto, não é nada fácil explicar o que é na verdade "saber viver". Com frequência, nossa vida é rotineira demais e monótona. De cor cinza.

Mas há momentos em que nossa vida se torna feliz, se transfigura, ainda que de maneira fugaz. Momentos em que o amor, a ternura, a convivência, a solidariedade, o trabalho criador ou a festa adquirem uma intensidade diferente. Sentimo-nos viver. Do fundo de nosso ser dizemos a nós mesmos: "Isto é vida".

O Evangelho de hoje nos lembra palavras de Jesus que podem deixar-nos um tanto desconcertados: "Eu vos asseguro: quem crê tem a vida eterna". A expressão "vida eterna" não significa simplesmente uma vida de duração ilimitada depois da morte. Trata-se antes de tudo, de uma vida de profundidade e qualidade novas, uma vida que pertence ao mundo definitivo. Uma vida que não pode ser destruída por um bacilo nem ficar truncada na encruzilhada de qualquer estrada. Uma vida plena que vai além de nós mesmos, porque já é uma participação na própria vida de Deus.

A tarefa mais apaixonante que todos temos diante de nós é a de ser cada dia mais humanos, e nós cristãos cremos que a maneira mais autêntica de viver humanamente é a que nasce de uma adesão total a Jesus Cristo. "Ser cristão significa ser homem, não um tipo de homem, mas o homem que Cristo cria em nós" (Dietrich Bonhoeffer).

Talvez tenhamos de começar por crer que nossa vida pode ser mais plena e profunda, mais livre e prazerosa. Talvez tenhamos que atrever-nos a viver o amor com mais radicalidade para descobrir um pouco o que é "ter vida abundante". Um escrito cristão se atreve a dizer: "Sabemos que passamos da morte à vida quando amamos nossos irmãos" (1Jo 3,14). Mas não se trata de amar só porque nos disseram que amemos, mas porque nos sentimos radicalmente amados. E porque cremos cada vez com mais firmeza que "nossa vida está oculta com Cristo em Deus". Há uma vida, uma plenitude, um dinamismo, uma liberdade, uma ternura que "o mundo não pode dar". Só o descobre quem acerta arraigar sua vida em Jesus Cristo.

Acompanhar até o final

O progresso da medicina fez crescer o número de enfermos aos quais se prolonga a vida durante um certo tempo, ainda que sem possibilidade alguma de cura. Estes enfermos que vivem o duro transe de ir "terminando" sua vida de maneira inevitável requerem hoje uma atenção particular.

Não é difícil entender o que o enfermo terminal vive em seu caminhar para o final. Esgotamento e fraqueza extrema, medo da dor, impotência ao ver que a vida se lhe escapa sem remédio, temor diante do desconhecido, pena imensa de ter que abandonar os entes queridos.

A proximidade da morte não aflige só o enfermo. Faz também sofrer intensamente seus familiares, amigos e todos que amam de verdade essa pessoa. É duro estar junto de alguém que vai morrer. Tenta-se, de muitas formas, mitigar a situação, mas nos sentimos impotentes diante de uma vida querida que termina. O que podemos fazer?

Primeiramente, estar perto, não deixar o enfermo sozinho. Já não se pode curá-lo, mas pode-se cuidar dele, acompanhá-lo e ajudá-lo a viver os últimos dias de maneira digna, serena e confiante. É o momento de envolver a pessoa enferma com o melhor de nosso afeto e ternura.

É importante aliviar ao máximo seu sofrimento para que possa viver seu processo com a maior serenidade possível. Isto significa acalmar a dor física com os meios apropriados, mas também confortá-lo no sofrimento moral e animá-lo no momento da crise ou da depressão.

O enfermo necessita de cuidados sanitários que assegurem sua melhor qualidade de vida, mas também de ajuda para curar feridas do passado, para enfrentar com serenidade sentimentos obscuros de culpabilidade, para reconciliar-se consigo mesmo e com Deus, para poder despedir-se deste mundo em paz. É o momento de atender suas demandas mais profundas: Como se sente interiormente? A companhia de quem quer ter perto de si? Como podemos ajudá-lo melhor? Deseja algo mais?

Quanto ajuda então poder falar com fé e a partir da fé. Poder sugerir ao enfermo, com palavras e gestos simples, a ternura e a bondade de Deus, que nos espera e acolhe no final da vida com amor insondável de Pai. Então talvez escutamos com mais profundidade as palavras de Jesus: "Eu vos asseguro: quem crê tem a vida eterna".

12

ALIMENTAR-NOS DE JESUS

Naquele tempo, disse Jesus aos judeus: "Eu sou o pão vivo que desceu do céu. Se alguém comer deste pão viverá para sempre. E o pão que eu darei é minha carne para a vida do mundo".

Os judeus começaram então a discutir entre si: "Como pode esse homem nos dar de comer a sua carne?" Jesus lhes disse: "Na verdade eu vos digo: se não comerdes a carne do Filho do homem e não beberdes o seu sangue, não tereis vida em vós. Quem come a minha carne e bebe o meu sangue tem a vida eterna e eu o ressuscitarei no último dia. Porque minha carne é verdadeiramente comida e meu sangue é verdadeiramente bebida. Quem come minha carne e bebe meu sangue permanece em mim e eu nele.

Assim como o Pai, que vive, me enviou e eu vivo pelo Pai, assim também quem comer de minha carne viverá por mim. Este é o pão descido do céu. Não é como o pão que vossos pais comeram e, ainda assim, morreram. Quem come deste pão viverá eternamente" (Jo 6,51-58).

EXPERIÊNCIA DECISIVA

Como é natural, a celebração da missa foi mudando ao longo dos séculos. Segundo a época, teólogos e liturgistas foram destacando alguns aspectos e descuidando de outros. A missa serviu de marco para celebrar coroação de reis e papas, render homenagens ou comemorar vitórias de guerra. Os músicos a converteram em concerto. Os povos a integraram em suas devoções e costumes religiosos...

Depois de vinte séculos, pode ser necessário recordar alguns dos traços essenciais da última ceia do Senhor, tal como era lembrada e vivida pelas primeiras gerações cristãs.

No núcleo dessa ceia há algo que jamais deve ser esquecido: seus seguidores não ficarão órfãos. A morte de Jesus não poderá romper sua comunhão com Ele. Ninguém há de sentir o vazio de sua ausência. Seus discípulos não ficarão sós, à mercê dos avatares da história. No centro de toda comunidade cristã que celebra a Eucaristia está Cristo vivo e operante. Aqui está o segredo de sua força.

Dele se alimenta a fé de seus seguidores. Não basta assistir essa ceia. Os discípulos são convidados a "comer". Para alimentar nossa adesão a Jesus Cristo precisamos reunir-nos para escutar suas palavras e guardá-las em nosso coração; e aproximar-nos para comungar com Ele, identificando-nos com seu modo de viver. Nenhuma outra experiência pode oferecer-nos alimento mais sólido.

Não devemos esquecer que "comungar" com Jesus é comungar com alguém que viveu e morreu totalmente "entregue" pelos outros. Jesus insiste nisto. Seu corpo é um "corpo entregue" e seu sangue é um "sangue derramado" pela salvação de todos. É uma contradição aproximar-nos para "comungar" com Jesus resistindo egoisticamente a viver para os outros.

Nada é mais central e decisivo para os seguidores de Jesus do que a celebração desta ceia do Senhor. Por isso devemos cuidar tanto dela. Bem celebrada, a Eucaristia nos molda, vai nos unindo a Jesus, alimenta-nos com sua vida, familiariza-nos com seu Evangelho, convida-nos a viver em atitude de serviço fraterno e nos sustenta na esperança do reencontro final com Ele.

Cada domingo

Para celebrar a Eucaristia dominical não basta seguir as normas prescritas ou pronunciar as palavras obrigatórias. Também não basta cantar, fazer o sinal da cruz ou dar-nos a paz no momento adequado. É muito fácil assistir à missa e não celebrar nada no coração; ouvir as leituras correspondentes e não escutar a voz de Deus; comungar piedosamente sem comungar com Cristo; dar-nos a paz sem reconciliar-nos com ninguém. Como viver a missa do domingo como uma experiência que renove e fortaleça nossa fé?

Para começar, devemos escutar com atenção e alegria a Palavra de Deus, e em concreto o Evangelho de Jesus. Durante a semana assistimos TV, ouvimos rádio e lemos o jornal. Vivemos aturdidos por todo tipo de mensagens, vozes, notícias, informação e publicidade. Temos necessidade de ouvir outra voz diferente que nos cure por dentro.

É um alívio ouvir as palavras diretas e simples de Jesus. Elas trazem verdade à nossa vida. Libertam-nos de enganos, medos e egoísmos que nos causam dano. Ensinam-nos a viver com mais simplicidade e dignidade, com mais sentido e esperança. É uma sorte fazer o percurso da vida guiados cada domingo pela luz do Evangelho.

A oração eucarística constitui o momento central. Não podemos distrair-nos. "Levantamos o coração" para dar graças a Deus. É bom, é justo e necessário agradecer a Deus pela vida, pela criação inteira e pelo dom que é Jesus Cristo. A vida não é só trabalho, esforço e agitação. É também celebração, ação de graças e louvor a Deus. É bom reunir-nos cada domingo para sentir a vida como dom e dar graças ao Criador.

A comunhão com Cristo é decisiva. É o momento de acolher Jesus em nossa vida para experimentá-lo em nós, identificar-nos com Ele e deixar-nos trabalhar, consolar e fortalecer por seu Espírito. Não podemos viver tudo isto encerrados em nosso pequeno mundo. Cantamos juntos o Pai-nosso sentindo-nos irmãos de todos. Pedimos a Ele que a ninguém falte o pão nem o perdão. Nós nos damos mutuamente a paz e a buscamos para todos.

O DECISIVO É TER FOME

O evangelista João utiliza uma linguagem muito forte para insistir na necessidade de alimentar a comunhão com Jesus Cristo. Só assim vamos experimentar em nós sua própria vida. Segundo ele, é necessário comer Jesus: "Quem me come, viverá por mim".

A linguagem adquire um caráter ainda mais escandaloso quando ele diz que é preciso comer a carne de Jesus e beber seu sangue. O texto é categórico: "Minha carne é verdadeira comida e meu sangue é verdadeira bebida. Quem come a minha carne e bebe o meu sangue habita em mim e eu nele".

Esta linguagem já não produz nenhum impacto entre nós cristãos. Habituados a escutá-la desde crianças, tendemos a pensar no que estamos fazendo desde a primeira comunhão. Todos conhecemos a doutrina aprendida no catecismo: no momento de comungar, Cristo se faz presente em nós pela graça do sacramento da Eucaristia.

Infelizmente, tudo pode permanecer mais de uma vez em doutrina pensada e aceita piedosamente. Mas com frequência nos falta a experiência de incorporar Cristo à nossa vida concreta. Não sabemos como abrir-nos a Ele para que nutra nossa vida e a torne cada vez mais humana e mais evangélica.

Comer a Cristo é muito mais do que adiantar-nos distraidamente a cumprir o rito sacramental de receber o pão consagrado. Comungar com Cristo exige um ato de fé de especial intensidade, que se pode viver sobretudo no momento da comunhão sacramental, mas também em outras experiências de contato vital com Jesus.

O decisivo é ter fome de Jesus. Buscar do mais íntimo encontrar-nos com Ele. Abrir-nos à sua verdade para que nos marque com seu Espírito e potencie o melhor que há em nós. Deixar que Ele ilumine e transforme as zonas de nossa vida que ainda não foram evangelizadas.

Portanto, alimentar-nos de Jesus é voltar "ao mais genuíno, ao mais simples e mais autêntico de seu Evangelho; interiorizar suas atitudes mais básicas e essenciais: acender em nós o instinto de viver como Ele; despertar nossa consciência de discípulos e seguidores para fazer dele o centro de nossa vida. Sem cristãos que se alimentem de Jesus, a Igreja vai definhar irremediavelmente.

PÃO E VINHO

Empobreceríamos gravemente o conteúdo da Eucaristia se esquecêssemos que nela nós crentes vamos encontrar o alimento que há de nutrir nossa vida. É certo que a Eucaristia é uma comida compartilhada por irmãos que se sentem unidos numa mesma fé. Mas, embora seja muito importante esta comunhão fraterna, ela ainda é insuficiente se esquecemos a união com Cristo que se dá a nós como alimento.

Algo semelhante devemos dizer da presença de Cristo na Eucaristia. Sempre foi sublinhada, e com razão, esta presença sacramental de Cristo no pão e no vinho, mas Cristo não está aí por estar; está presente oferecendo-se como alimento que sustenta nossa vida.

Se quisermos redescobrir o profundo significado da Eucaristia, devemos recuperar o simbolismo básico do pão e vinho. Para subsistir, o ser humano precisa comer e beber. E este simples fato, às vezes tão esquecido nas sociedades satisfeitas do bem-estar, revela que o ser humano não se fundamenta a si mesmo, mas que vive recebendo misteriosamente a vida.

A sociedade contemporânea está perdendo a capacidade de descobrir o significado dos gestos básicos do ser humano. Mas são esses gestos simples e originários que nos devolvem a nossa verdadeira condição de criaturas que recebem a vida como dom de Deus.

Concretamente, o pão é o símbolo eloquente que condensa em si mesmo tudo que significa para a pessoa a comida, o alimento. Por isso o pão tem sido venerado em muitas culturas de maneira quase sagrada. Muitas pessoas ainda se lembrarão que nossas mães nos faziam beijar o pão quando, por descuido, caía no chão um pedaço.

Mas, desde que nos chega da terra até a mesa, o pão deve ser trabalhado por aqueles que adubam e preparam o terreno, semeiam, cortam e recolhem as espigas, moem o trigo e cozinham a farinha. O vinho supõe um processo ainda mais complexo em sua elaboração.

Por isso, quando se apresenta o pão e o vinho sobre o altar, diz-se que são "fruto da terra e do trabalho do homem". Por um lado, são "fruto da terra" e nos lembram que o mundo e nós mesmos somos um dom que surgiu das mãos do Criador. Por outro lado, são "fruto do trabalho" e significam o que nós humanos fazemos e construímos com nosso esforço solidário.

Esse pão e esse vinho se converterão para os crentes em "pão de vida" e "cálice de salvação". Aí nós cristãos encontramos essa "verdadeira comida" e "verdadeira bebida" de que nos fala Jesus. Uma comida e uma bebida que alimentam nossa vida sobre a terra, nos convidam a trabalhá-la e melhorá-la, e nos sustentam enquanto caminhamos para a vida eterna.

O NOVO DOMINGO

O domingo já não é mais o que era há uns anos. Em pouco tempo cresceu e se converteu no "fim de semana" que já começa na sexta-feira à tarde. É o período em que a maioria das pessoas pode viver de maneira diferente, escapando das obrigações do trabalho, dos horários impostos e da rotina diária.

Nem todos vivem o fim de semana da mesma maneira. Para alguns é uma verdadeira sorte: têm iniciativa, possibilidades e amigos para desfrutar esses dias. Para outros é um tempo cruel, pois sentem com mais intensidade sua solidão, doença ou velhice; o domingo só desperta neles tristeza e nostalgia. Outros temem o domingo porque não sabem o que fazer dele, é um tédio; se não houvesse futebol seria insuportável.

Teólogos e liturgistas se perguntam hoje como será no futuro o domingo cristão. Será que vai reduzir-se a uma celebração da missa isolada e sem conexão alguma com o fim de semana da gente? Pelo contrário, Xabier Basurko se pergunta se "não será possível uma integração dinâmica dos valores humanos do fim de semana na mística do domingo?" O liturgista basco nos oferece algumas pistas.

O domingo cristão pode ser a alma do fim de semana que ajude os crentes a experimentar melhor sua liberdade de filhos de Deus, sem imposições nem fins utilitaristas. A Eucaristia poderia ajudar a recuperar o sossego e reavivar o ânimo interior. No fim de semana podemos ser um pouco mais "nós mesmos". Por outro lado, poderíamos recuperar o sábado como festa da criação. Desta maneira poderíamos prosseguir no domingo com a celebração da salvação. Assim pensam alguns liturgistas. A fé ajudaria então a viver o fim de semana como uma celebração ao Criador e um encontro com a natureza, não através do trabalho, mas do desfrute e da contemplação.

Por último, a celebração da "assembleia eucarística" pode dar sentido mais profundo a essa outra dimensão do fim de semana que é a comunhão entranhável e gratificante com amigos e familiares, ou o encontro com outras pessoas e outros povos. O fim de semana pode ser experiência de encontro e comunhão de irmãos. Será que o domingo cristão crescerá até ser "fermento e sal" do fim de semana da atual cultura? Seja como for, podemos fazer-nos uma pergunta: Será que nós cristãos sabemos extrair da Eucaristia dominical ânimo e alegria para viver o novo domingo?

13
A QUEM IREMOS?

Naquele tempo, muitos discípulos, depois de ouvirem Jesus, disseram: "Estas palavras são duras. Quem poderá escutá-las?" Percebendo que os discípulos estavam murmurando por causa disso, Jesus lhes disse: "Isto vos escandaliza? E se vísseis o Filho do homem subir para onde estava antes?... O espírito é que dá a vida. A carne de nada serve. As palavras que vos tenho dito são espírito e vida. Mas entre vós há alguns que não creem". De fato, Jesus sabia desde o princípio quais eram os que não tinham fé e quem haveria de entregá-lo.

E prosseguiu: "Por isso eu vos disse: ninguém pode vir a mim se isso não for concedido pelo Pai". Desde então, muitos dos discípulos se retiraram e já não o seguiam.

Jesus perguntou então aos Doze: "Também vós quereis ir embora?" Simão Pedro respondeu: "Senhor, a quem iremos? Tu tens palavras de vida eterna. Nós cremos e sabemos que Tu és o Santo de Deus" (Jo 6,60-69).

POR QUE PERMANECEMOS?

Durante estes anos multiplicaram-se os estudos sobre a crise da religião cristã na sociedade moderna. Esta leitura é necessária para conhecer melhor alguns dados, mas é insuficiente para discernir qual há de ser nossa reação. O episódio narrado por João pode ajudar-nos a interpretar e viver a crise com profundidade mais evangélica.

Segundo o evangelista, Jesus resume assim a crise que está acontecendo em seu grupo: "As palavras que eu vos disse são espírito e vida. E, contudo, alguns de vós não creem". É verdade. Jesus introduz naqueles que o seguem um espírito novo; suas palavras comunicam vida; o programa que Ele propõe pode gerar um movimento capaz de orientar o mundo para uma vida mais digna e plena.

Mas pelo fato de estar em seu grupo, não está garantida a fé. Há os que resistem em aceitar seu espírito e sua vida. Sua presença no movimento de Jesus é aparente; sua fé nele não é real. A verdadeira crise no interior do cristianismo sempre é esta: cremos ou não cremos em Jesus?

Diz o narrador que "muitos foram embora e não mais o seguiram". É na crise que se revela quem são os verdadeiros seguidores de Jesus. A opção decisiva é sempre esta: Quem são os que vão embora e quem são os que permanecem com Ele, identificados com seu espírito e sua vida? Quem está a favor e quem está contra seu projeto?

O grupo começa a diminuir. Jesus não se irrita, nem julga ninguém. Só faz uma pergunta aos que ficaram com Ele: Também vós quereis ir embora?" É a pergunta que também é feita hoje aos que continuam na Igreja: O que querem? Por que permanecem na Igreja? É para seguir a Jesus, acolhendo seu espírito e vivendo a seu modo? É para trabalhar em seu projeto?

A resposta de Pedro é exemplar: "Senhor, a quem iremos? Tu tens palavras de vida eterna". Os que permanecem devem fazê-lo por Jesus. Só por Jesus. Por nada mais. Comprometem-se com Ele. O único motivo para permanecer em seu grupo é Ele. Ninguém mais.

Por mais dolorosa que nos pareça, a crise atual será positiva se nós que permanecemos na Igreja, muitos ou poucos, vamos nos convertendo em discípulos de Jesus, isto é, em homens e mulheres que vivem de suas palavras de vida.

Palavras cheias de espírito e vida

Na sociedade moderna vivemos acossados por palavras, comunicados, imagens e notícias de todo tipo. Já não é possível viver em silêncio. Anúncios, publicidade, noticiários, discursos e declarações invadem nosso mundo interior e nosso âmbito doméstico.

Esta "inflação da palavra" também penetrou em alguns setores da Igreja. Hoje nós eclesiásticos e teólogos falamos e escrevemos muito. Talvez mais do que nunca. A pergunta que devemos fazer-nos é simples: o que as pessoas conseguem captar em nós? Palavras "cheias de espírito e vida", como eram as de Jesus, ou palavras vazias?

Ao longo dos anos ouvi muitas críticas à pregação da Igreja. Somos acusados de pouca fidelidade ao Evangelho, falta de atenção ao magistério do papa, aliança com uma ideologia política de um sinal ou de outro, pouca abertura à modernidade... Acho que muitos que se afastam hoje da Igreja querem saber se, ao menos, para nós, nossas palavras significam alguma coisa.

A palavra de Jesus era diferente. Nascia de seu próprio ser, brotava de seu amor apaixonado ao Pai e aos seres humanos. Era uma palavra digna de fé, cheia de vida e de verdade. Entende-se a reação espontânea de Pedro: "Senhor, a quem iremos? Tu tens palavras de vida eterna".

Muitos homens e mulheres de hoje nunca tiveram a sorte de escutar com simplicidade e de maneira direta as palavras de Jesus. Sua mensagem lhes chegou muitas vezes desfigurada por grande número de doutrinas, fórmulas ideológicas e discursos pouco evangélicos.

Uns dos maiores serviços que podemos prestar à Igreja é colocar a pessoa e a mensagem de Jesus ao alcance dos homens e mulheres de nossos dias. Colocá-los em contato com a pessoa de Jesus. As pessoas não precisam escutar nossas palavras, mas as de Jesus. Só elas são "espírito e vida". É surpreendente ver que, quando nos esforçamos para apresentar Jesus de maneira viva, direta e autêntica, sua mensagem resulta mais atual que todos os nossos discursos.

TAMBÉM VÓS QUEREIS IR EMBORA?

O mundo em que vivemos já não pode ser considerado como cristão. As novas gerações não aceitam facilmente a visão da vida que antes se transmitia de pais a filhos por via de autoridade. As ideias e diretrizes que predominam na cultura moderna estão muito distantes da inspiração cristã. Vivemos numa época "pós-cristã".

Isto significa que a fé já não é "algo evidente e natural". O cristão está sujeito a um exame crítico cada vez mais implacável. São muitos os que neste contexto se sentem sacudidos pela dúvida e não faltam aqueles que, deixando-se levar pelas correntes do momento, abandonam tudo.

Uma fé combatida a partir de tantas frentes não pode ser vivida como há uns anos. O crente já não pode apoiar-se na cultura ambiental nem nas instituições. A fé vai depender cada vez mais da decisão pessoal de cada um. Será cristão quem tomar a decisão consciente de aceitar e seguir a Jesus Cristo. Este é o dado talvez mais decisivo no momento religioso que se vive hoje: está se passando de um cristianismo por nascimento para um cristianismo por decisão.

Pois bem, a pessoa precisa apoiar-se em algum tipo de experiência positiva para tomar uma decisão tão importante. A experiência está se convertendo numa espécie de critério de autenticidade e em fator fundamental para decidir a orientação da própria vida. Isto significa que, no futuro, a experiência religiosa será cada vez mais importante para fundamentar a fé. Será crente aquele que experimentar que Deus lhe faz bem e que Jesus Cristo o ajuda a viver.

O relato evangélico de João é hoje mais significativo do que nunca. Num determinado momento, muitos discípulos de Jesus duvidam e vão embora. Então Jesus diz aos Doze: "Também vós quereis ir embora?" Simão Pedro lhe responde em nome de todos a partir de uma experiência básica: "Senhor, a quem iremos? Tu tens palavras de vida eterna. Nós cremos". Muitos vivem hoje num estado intermediário entre um cristianismo tradicional e um processo de descristianização. Não é bom viver na ambiguidade. É necessário tomar uma decisão fundamental na própria experiência. E tu, também queres ir embora?

A QUEM IREMOS?

Quem se aproxima de Jesus, com frequência tem a impressão de encontrar-se com alguém estranhamente atual e mais presente aos nossos problemas de hoje do que muitos de nossos contemporâneos.

Há gestos e palavras de Jesus que nos causam impacto ainda hoje, porque atingem a raiz de nossos problemas e preocupações mais vitais. São gestos e palavras que resistem à passagem dos tempos e à mudança de ideologias. Os séculos que transcorreram não conseguiram amortecer a força e a vida que encerram, por pouco que estejamos atentos e abramos sinceramente nosso coração.

Não obstante, ao longo de vinte séculos, foi muito o pó que inevitavelmente foi se acumulando sobre sua pessoa, sua atuação e sua mensagem. Um cristianismo cheio de boas intenções e fervores veneráveis impediu às vezes muitos cristãos simples de encontrar-se com o frescor cheio de vida daquele que perdoava as prostitutas, abraçava as crianças, chorava com os amigos, transmitia esperança e convidava as pessoas a viver com liberdade e amor de filhos de Deus.

Quantos homens e mulheres tiveram que escutar as disquisições de moralistas bem-intencionados e as exposições de pregadores ilustrados sem conseguir encontrar-se com Ele.

Não devemos estranhar a interpelação do escritor francês Jean Onimus: "Por que vais tu ser propriedade privada de pregadores, doutores e de alguns eruditos, tu que disseste coisas tão simples, tão diretas, palavras que continuam sendo palavras de vida para todos os seres humanos?"

Se muitos cristãos que foram se afastando da Igreja ultimamente conhecessem diretamente os evangelhos, sentiriam de novo aquilo que um dia foi dito por Pedro: "Senhor, a quem iremos? Tu tens palavras de vida eterna. Nós cremos".

VIVER AS DÚVIDAS COM SINCERIDADE

Não poucos cristãos sentem hoje brotar em seu interior dúvidas, não sobre este ou aquele ponto particular da mensagem de Cristo, mas sobre a totalidade da fé cristã. O que os preocupa não são os dogmas, mas algo mais fundamental e prévio: por que hei de orientar minha vida seguindo as fórmulas ingênuas de Cristo que encontro em alguns documentos tão arcaicos e, ao que parece, tão legendários? Por que meu anseio pela vida, pelo prazer e pela liberdade hão de subordinar-se a uma moral rigorosa e quase impossível?

Muitas vezes, sem formulá-lo de maneira precisa, experimentam em seu interior uma divisão profunda: "Quisera crer, mas me sinto incapaz de aderir com sinceridade ao cristianismo". "Sinto que não posso ou não devo abandonar minha fé cristã, mas, ao mesmo tempo, encontro-me cada vez mais distante e estranho a tudo isso".

É fácil então sentir-se culpado de algo sem saber com certeza de quê. O que aconteceu comigo? O que fiz ao longo dos anos para chegar a esta situação? É possível, certamente, que haja uma parte de responsabilidade em tudo isto, mas agora o importante é viver essa experiência de dúvida religiosa de maneira positiva. Essa falta de certeza interior pode ser precisamente uma ocasião para superar o imobilismo e a rotina, para libertar-se de uma religião excessivamente infantil e para descobrir Jesus Cristo de maneira nova.

Talvez descubro, pela primeira vez, que sou livre para crer ou não crer. Certamente é mais cômodo não fazer-me nenhuma pergunta e viver tranquilo, mas é mais digno enfrentar a minha própria liberdade e saber por que abandono a fé ou por que me comprometo a seguir a Cristo.

Se continuo buscando a verdade, sem tardar sentirei que não sou só eu que me faço perguntas. Agora é o próprio Jesus que me interpela: "Também tu queres ir embora?" E a gente se vê obrigado a introduzir novas questões em sua proposta: Por que resisto a reorientar minha vida a partir do chamado de Cristo? Posso responder sinceramente por quê?

Cedo ou tarde chega o momento de tomar uma decisão: Ou coloco Jesus no mesmo plano que outras grandes figuras da humanidade, ou então me decido a experimentar pessoalmente o que há de único em sua pessoa e sua mensagem.

O importante é a sinceridade do coração. Não fiar-se nas certezas e seguranças do passado, nem desanimar quando começam as dúvidas. A verdadeira fé não está em nossas explicações bem fundadas, nem em nossas dúvidas, mas na sinceridade do coração que busca a Deus.

Quando alguém busca com honestidade, talvez não encontre resposta imediata para todas as suas interrogações, mas é provável que sinta no fundo de seu coração o mesmo que Pedro: "Senhor, a quem iremos? Tu tens palavras de vida eterna".

14

AMIGO DA MULHER

Naquele tempo, Jesus retirou-se para o monte das Oliveiras. De manhã voltou para o Templo. Todo o povo juntou-se em torno dele. E Ele, sentado, se pôs a ensinar. Então os escribas e fariseus trouxeram uma mulher apanhada em adultério e a colocaram no meio do círculo e disseram a Jesus: "Mestre, esta mulher foi surpreendida em flagrante adultério. Na Lei, Moisés nos manda apedrejar as adúlteras, mas tu o que dizes?" Perguntavam isto só para testá-lo, a fim de terem do que acusá-lo. Jesus, porém, inclinou-se e começou a escrever com o dedo no chão. Como insistissem em perguntar, Jesus ergueu-se e lhes disse: "Aquele de vós que estiver sem pecado, atire-lhe a primeira pedra". E, inclinando-se de novo, continuou a escrever no chão. Ao ouvirem isto, foram saindo um a um, a começar pelos mais velhos. Jesus ficou só com a mulher que permanecia ali no meio. Erguendo-se, disse à mulher: "Mulher, onde estão eles? Ninguém te condenou?" Ela respondeu: "Ninguém, Senhor". Jesus lhe disse: "Nem eu te condeno". Vai, e de agora em diante não peques mais" (Jo 8,1-11).

AMIGO DA MULHER

Surpreende ver Jesus rodeado de tantas mulheres: amigas íntimas como Maria Madalena ou as irmãs Marta e Maria de Betânia. Seguidoras fiéis como Salomé, mãe de uma família de pescadores. Mulheres enfermas, prostitutas de aldeia... De nenhum profeta se diz algo parecido.

O que encontravam nele as mulheres? Por que as atraía tanto? A resposta que os relatos evangélicos nos oferecem é clara. Jesus olha as mulheres com olhos diferentes. Trata-as com uma ternura desconhecida, defende sua dignidade e as acolhe como discípulas. Ninguém as havia tratado assim. As mulheres eram vistas como fonte de impureza ritual. Rompendo tabus e preconceitos, Jesus se aproxima delas sem nenhum temor, aceita-as em sua mesa e até se deixa acariciar por uma prostituta agradecida.

A sociedade considerava as mulheres como ocasião e fonte de pecado; desde a infância, os meninos já eram advertidos a não cair em suas artes de sedução. Jesus, ao contrário, coloca o acento na responsabilidade dos varões: "Todo aquele que olha uma mulher desejando-a, já cometeu adultério em seu coração".

Entende-se assim sua reação quando lhe apresentam uma mulher surpreendida em adultério, com intenção de apedrejá-la. Ninguém fala do homem adúltero. É o que acontecia sempre naquela sociedade machista. Condena-se a mulher porque desonrou a família e se desculpa com facilidade o homem.

Jesus não suporta esta hipocrisia social construída pelo domínio dos homens. Com simplicidade e valentia admiráveis, impõe verdade, justiça e compaixão: "Quem estiver sem pecado, que atire a primeira pedra". Os acusadores se retiram envergonhados. Sabem que são eles os mais responsáveis pelos adultérios que se cometem naquela sociedade.

Jesus se dirige àquela mulher humilhada com ternura e respeito: "Também eu não te condeno". Vai, continua caminhando em tua vida e, "de agora em diante, não peques mais". Jesus confia nela, deseja-lhe o melhor e a anima a não pecar mais. De seus lábios não sairá nenhuma condenação.

Quem nos ensinará a olhar hoje a mulher com os olhos de Jesus? Quem introduzirá na Igreja e na sociedade a verdade, a justiça e a defesa da mulher ao modo de Jesus?

EM DEFESA DA MULHER

Uma mulher surpreendida em adultério é apresentada a Jesus. Todos conhecem seu destino: será apedrejada até a morte, segundo o que estabelece a lei. Ninguém fala do adúltero. Como sempre acontece numa sociedade machista, condena-se a mulher e se desculpa o homem. O desafio a Jesus é frontal: "A lei de Moisés nos manda apedrejar as adúlteras. E tu, o que dizes?"

Jesus sabe muito bem o que tem a dizer. Não suporta a prepotência daqueles mestres da lei. Ele não se sente representante da lei, mas profeta da compaixão do Pai para com todos os seus filhos e filhas. Aquela sentença não vem de Deus. Aquela mulher é mais vítima do que culpada. Deus não quer a destruição de ninguém: "Aquele que estiver sem pecado, que atire a primeira pedra".

Os acusadores se retiram envergonhados. Eles sabem que são os mais responsáveis pelos adultérios que se cometem naquelas aldeias. Jesus se dirige à mulher que acaba de escapar da execução e, com grande respeito, lhe diz: "Também eu não te condeno". Depois a anima para que seu perdão se converta em ponto de partida de uma nova vida: "Vai, e agora em diante não peques mais".

Assim é Jesus. Finalmente existiu na terra alguém que não se deixou condicionar por nenhuma lei, nem por algum poder opressivo. Alguém livre e magnânimo que nunca odiou nem condenou, nunca devolveu mal por mal. Em sua defesa e seu perdão a esta adúltera há mais verdade e justiça do que em nossas reivindicações e condenações ressentidas.

Nós cristãos ainda não fomos capazes de extrair todas as consequências que esta atuação libertadora de Jesus encerra diante da opressão da mulher. A partir de uma Igreja dirigida e inspirada majoritariamente por homens, não conseguimos tomar consciência de todas as injustiças que a mulher continua padecendo em todos os âmbitos da vida.

Depois de vinte séculos, nos países de raízes supostamente cristãs, continuamos vivendo numa sociedade onde frequentemente a mulher não pode viver livremente sem temer o homem. A violação, o maltrato e a humilhação não são algo imaginário. Constituem uma das violências arraigadas e que geram mais sofrimento na sociedade atual.

Será que o sofrimento da mulher não deve ter um eco mais vivo e concreto em nossas celebrações e um lugar mais importante em nosso trabalho de conscientização social? Mas, sobretudo, será que não devemos estar mais perto de toda mulher oprimida para denunciar e proporcionar defesa inteligente e proteção eficaz?

Mudar

Todos esperam que Jesus se some à rejeição geral daquela mulher surpreendida em adultério, humilhada publicamente, condenada por escribas respeitáveis e sem defesa possível diante da sociedade e da religião. Mas Ele desmascara a hipocrisia daquela sociedade, defende a mulher da perseguição injusta dos varões e a ajuda a iniciar uma vida mais digna.

A atitude de Jesus diante da mulher foi tão "revolucionária" que, depois de vinte séculos, continuamos em boa parte sem querer entendê-la nem assumi-la. O que podemos fazer em nossas comunidades cristãs?

Em primeiro lugar, atuar com vontade de transformar a Igreja. A mudança é possível. Temos que sonhar com uma Igreja diferente, comprometida como ninguém em promover uma vida digna, justa e igualitária entre homens e mulheres.

Temos que tomar consciência de que nossa maneira de entender, viver e imaginar as relações entre homem e mulher nem sempre provém do Evangelho. Somos prisioneiros de costumes, esquemas e tradições que não têm sua origem em Jesus, pois levam ao domínio do homem e à subordinação da mulher.

Temos de eliminar já da Igreja visões negativas da mulher como "ocasião de pecado", "origem do mal", ou "tentadora do homem". Desmascarar teologias, pregações e atitudes que favorecem a discriminação ou desqualificação da mulher. Tudo isto simplesmente não contém "Evangelho".

Temos de romper o inexplicável silêncio que há em não poucas comunidades cristãs diante da violência doméstica que fere os corpos e a dignidade de tantas mulheres. Nós cristãos não podemos viver de costas a uma realidade tão dolorosa e frequente. O que não gritaria Jesus hoje?

É preciso reagir contra a "cegueira" generalizada dos homens, incapazes de captar o sofrimento injusto a que se vê sujeita a mulher, só pelo fato de ser mulher. Em muitos setores é um sofrimento "invisível" que não se conhece ou não se quer reconhecer. No Evangelho de Jesus há uma mensagem particular, dirigida aos homens que ainda não escutamos nem anunciamos com fidelidade.

O ÚNICO QUE NÃO CONDENA

É surpreendente a atuação de Jesus, radicalmente exigente ao anunciar sua mensagem, mas incrivelmente compreensivo ao julgar a atuação concreta das pessoas. Talvez o caso mais patente seja seu comportamento diante do adultério. Jesus fala de maneira tão radical ao expor as exigências do matrimônio indissolúvel que os discípulos opinam que, em tal caso, "nem é bom casar-se". E, no entanto, quando todos querem apedrejar uma mulher surpreendida em adultério, é Jesus o único que não a condena.

Quem conhece quanta obscuridade reina no ser humano e como é fácil condenar os outros para assegurar a própria tranquilidade, sabe muito bem que nessa atitude de compreensão e de perdão adotada por Jesus, inclusive contra o que prescreve a lei, há mais verdade do que em todas as nossas condenações ressentidas.

Além disso, o crente descobre nessa atitude de Jesus o rosto verdadeiro de Deus e ouve uma mensagem de salvação que se pode resumir assim: "Quando não tiveres ninguém que te compreenda, quando todos te condenem, quando te sintas perdido e não saibas a quem recorrer, hás de saber que Deus é teu amigo, Ele está do teu lado. Deus entende tua fragilidade e teu pecado".

Essa é a melhor notícia que todos podíamos ouvir. Diante da incompreensão, dos julgamentos e das condenações fáceis das pessoas, o ser humano sempre poderá esperar na misericórdia e no amor insondável de Deus. Onde acaba a compreensão dos seres humanos, continua firme a compreensão infinita de Deus.

Isto significa que, em todas as situações da vida, em todo fracasso, em toda angústia, sempre há uma saída. Tudo pode converter-se em graça. Ninguém pode impedir-nos de viver apoiados no amor e na fidelidade de Deus.

Por fora as coisas não mudam. Os problemas e conflitos continuam aí em toda sua crueza. As ameaças não desaparecem. Temos que continuar suportando as cargas da vida. Mas há algo que muda tudo: a convicção de que nada nem ninguém poderá separar-nos do amor de Deus e de seu perdão.

Não atirar pedras

Em toda sociedade há modelos de conduta que, explícita ou implicitamente, configuram o comportamento das pessoas. São modelos que determinam em grande parte nossa maneira de pensar, agir e viver.

Pensemos na organização jurídica de nossa sociedade. A convivência social está regulada por uma estrutura legal que depende de uma determinada concepção do ser humano. Por isso, ainda que a lei seja justa, sua aplicação pode ser injusta se ela não atender cada homem e cada mulher em sua situação pessoal única e irrepetível.

Inclusive em nossa sociedade pluralista é necessário chegar a um consenso que torne possível a convivência. Por isso foi se configurando um ideal jurídico de cidadão, portador de certos direitos e sujeito de certas obrigações. E é este ideal jurídico que vai se impondo com força de lei na sociedade.

Mas esta ordenação legal, necessária sem dúvida para a convivência social, não pode chegar a compreender de maneira adequada a vida concreta de cada pessoa em toda sua complexidade, sua fragilidade e seu mistério.

A lei tratará de medir com justiça cada pessoa, mas dificilmente pode tratá-la em cada situação como um ser concreto que vive e padece sua própria vida de uma maneira única e original.

Como é cômodo julgar as pessoas a partir de critérios seguros... Como é fácil e injusto apelar para o peso da lei para condenar tantas pessoas marginalizadas, incapazes de viver integradas em nossa sociedade, conforme a "lei do cidadão ideal": filhos sem verdadeiro lar, jovens delinquentes, vagabundos analfabetos, dependentes de drogas sem recursos para tratar-se, ladrões sem possibilidade de trabalho, prostitutas sem amor algum, casais fracassados em seu amor matrimonial...

Diante de tantas condenações fáceis, Jesus nos convida a não condenar friamente os outros, partindo da pura objetividade de uma lei, mas a compreendê-los a partir de nossa própria conduta pessoal. Antes de atirar pedras contra alguém, devemos saber julgar nosso próprio pecado. Talvez descubramos então que muitas pessoas não precisam de condenação da lei, mas de alguém que as ajude e lhes ofereça uma possibilidade de reabilitação. O que a mulher adúltera precisava não era de pedras, mas de uma mão amiga que a ajudasse a levantar-se. Jesus a entendeu.

15

OLHOS NOVOS

Naquele tempo, Jesus ia passando e viu um homem que era cego de nascença. Os discípulos lhe perguntaram: "Mestre, quem foi que pecou, ele ou seus pais, para ele nascer cego?" Jesus respondeu: "Ninguém pecou, nem ele nem seus pais, mas é para que as obras de Deus se manifestem nele. É preciso trabalhar nas obras de quem me enviou enquanto é dia. Virá a noite, quando já ninguém pode trabalhar. Enquanto estou no mundo, sou a luz do mundo". Ao falar isto, Jesus cuspiu no chão, fez um pouco de lama com a saliva, passou nos olhos do cego e disse: "Vai lavar-te na piscina de Siloé" (que quer dizer Enviado). Ele foi, lavou-se e voltou vendo. Os vizinhos e quem antes o conhecia, pois era mendigo, diziam: "Não é aquele que estava sentado pedindo esmola?" Uns respondiam: "É sim". Outros contestavam: "Não é ele não, apenas parece com ele". Mas ele mesmo dizia: "Sou eu, sim". Perguntaram então: "Como se abriram os teus olhos?" Ele respondeu: "O homem chamado Jesus fez um pouco de lama, passou nos meus olhos e disse: 'vai a Siloé lavar-te'. Fui, lavei-me e recuperei a vista". "Onde está ele", perguntaram-lhe. O cego respondeu: "Não sei".

Levaram então o cego curado à presença dos fariseus. Ora, o dia em que Jesus fez a lama e abriu os olhos do cego era um sábado. Os fariseus perguntaram novamente ao cego como tinha recuperado a vista. Ele respondeu-lhes: "Ele me pôs lama nos olhos, eu me lavei e estou vendo". Então alguns dos fariseus comentaram: "Este homem não pode vir de Deus, pois não guarda o sábado". Outros diziam: "Mas como pode um homem pecador fazer tão grandes sinais?" E eles ficaram divididos. Dirigiram-se novamente ao cego: "E tu, o que dizes daquele que te abriu os olhos?" Ele respondeu: "É um profeta".

Os judeus já não queriam admitir que o homem fora cego e tivesse recuperado a vista. Por isso chamaram os pais dele e os interrogaram: "Este é o vosso filho que afirmais ter nascido cego? Como então ele agora está enxergando?" Os pais responderam: "Sabemos que este é o nosso filho e que nasceu cego. Mas não sabemos como agora está enxergando, ou quem lhe abriu os olhos. Perguntem a ele. Já tem idade para falar por si próprio".

Os pais disseram isto porque tinham medo dos judeus. É que eles tinham ameaçado expulsar da sinagoga quem reconhecesse Jesus como Messias. Foi por isso que os pais do cego disseram: "Perguntai a ele. Já tem idade". Tornaram a chamar o homem que tinha sido cego e disseram: "Dá glória a Deus. Nós sabemos que aquele homem é um pecador". O cego lhes disse: "Se é um pecador, não sei. Sei apenas que antes eu era cego e agora estou vendo". Perguntaram-lhe mais uma vez: "O que foi que ele te fez? Como te abriu os olhos?" Ele respondeu: "Eu já vos disse e não me destes ouvidos. Por que quereis ouvir de novo? Será que também vós quereis tornar-vos discípulos dele?" Entre insultos, eles disseram: Tu és discípulo dele, nós somos discípulos de Moisés. Nós sabemos que Deus falou a Moisés. Quanto a este, não sabemos de onde vem". O cego respondeu: "É espantoso que não saibais donde ele vem, apesar de me ter aberto os olhos. Sabemos que Deus não atende a pecadores, mas escuta a quem é piedoso e faz a sua vontade. Jamais se ouviu dizer que alguém tivesse aberto os olhos a um cego de nascença. Se este homem não fosse de Deus, não poderia fazer nada". Eles disseram: "Tu nasceste em pecado e nos queres ensinar?" E o expulsaram.

Jesus soube que o haviam expulso e, quando o encontrou, perguntou-lhe: "Crês no Filho do homem?" Ele perguntou: "Quem é ele, Senhor, para que eu creia nele?" Jesus lhe disse: "Tu o estás vendo: é aquele que fala contigo". "Creio, Senhor", disse ele, e prostrou-se diante de Jesus. E Jesus disse: "Eu vim a este mundo para fazer uma separação: para que os cegos vejam *e os que veem se tornem cegos". Alguns dos fariseus presentes ouviram isto e perguntaram: "Por acaso também nós somos cegos?" Disse-lhes Jesus: "Se fôsseis cegos, não teríeis pecado; mas como dizeis 'vemos', o vosso pecado permanece" (Jo 9,1-41).*

CAMINHOS PARA A FÉ

O relato é inesquecível. Chama-se tradicionalmente a "cura do cego de nascença", porém é muito mais, pois o evangelista nos descreve o percurso interior que vai fazendo um homem perdido nas trevas até encontrar-se com Jesus, "Luz do mundo".

Não conhecemos o nome deste homem. Só sabemos que é um mendigo, cego de nascença, que pede esmola nos arredores do Templo. Não conhece a luz, pois nunca a viu. Não pode caminhar nem orientar-se por si mesmo. Sua vida transcorre em trevas. Nunca poderá conhecer uma vida digna.

Um dia Jesus passa por sua vida. O cego está tão necessitado que o deixa untar seus olhos com lama. Não sabe quem é, mas confia em sua força curadora. Seguindo suas indicações, limpa seus olhos na piscina de Siloé e, pela primeira vez, começa a ver. O encontro com Jesus vai mudar sua vida.

Os vizinhos o veem transformado. É ele mesmo, mas lhes parece outro. O homem lhes explica sua experiência: "Um homem que se chama Jesus" o curou. Não sabe mais nada dele. Ignora quem é e onde mora, mas Ele lhe abriu os olhos. Jesus faz bem inclusive aos que só o reconhecem como homem.

Os fariseus, entendidos em religião, pedem-lhe todo tipo de explicações sobre Jesus. Ele lhes fala de sua experiência: "Só sei uma coisa: que eu era cego e agora vejo". Perguntam-lhe o que pensa de Jesus e ele lhes diz o que sente: "Sei que Ele é um profeta". O que recebeu dele é tão bom que esse homem só pode vir de Deus. Assim vive muita gente simples sua fé em Jesus. Não conhecem teologia, mas sentem que esse homem vem de Deus.

Aos poucos, o mendigo vai ficando só. Seus pais não o defendem. Os dirigentes religiosos o expulsam da sinagoga. Mas Jesus não abandona quem o ama e o busca. "Quando ouviu dizer que o haviam expulso da sinagoga, foi encontrá-lo." Jesus tem seus caminhos para encontrar-se com os que o buscam. Ninguém pode impedi-lo.

Quando Jesus se encontra com aquele homem a quem ninguém parece entender, só lhe faz uma pergunta: "Crês no Filho do homem?" Crês no Homem novo, no Homem plenamente humano, precisamente por ser encarnação do mistério insondável de Deus? O mendigo está disposto a crer, mas encontra-se mais cego do que nunca: "E quem é, Senhor, para que eu creia nele?"

Jesus lhe diz: "É o que estás vendo: o que está falando contigo, é esse". Nesse momento se abrem ao cego os olhos da alma. Ele se prostra diante de Jesus e lhe diz: "Creio, Senhor". Só ouvindo Jesus e deixando-nos conduzir interiormente por Ele vamos caminhando para uma fé mais plena e também mais humilde.

JESUS É PARA OS EXCLUÍDOS

É "cego de nascença". Não sabe o que é a luz. Nunca a conheceu. Nem ele nem seus pais têm culpa, mas ali está ele, sentado, pedindo esmola. Seu destino é viver em trevas.

Um dia, ao passar Jesus por ali, vê o cego. O evangelista diz que Jesus é a "Luz do mundo". Talvez lembrando as palavras do antigo profeta Isaías, garantindo que um dia chegará a Israel alguém que "gritará aos cativos: 'Saí' e aos que estão nas trevas: 'Vinde à luz'". Jesus passa nos olhos do pobre cego a mistura de barro e saliva para infundir-lhe sua força vital. A cura não é automática. Também o cego deve colaborar. Ele faz o que Jesus lhe indica: vai lavar os olhos, limpar seu olhar e começa a ver.

Quando as pessoas lhe perguntam quem foi que o curou, ele não sabe como responder. Foi "um homem chamado Jesus". Não sabe dizer mais nada. Também não sabe onde ele está. Só sabe que, graças a este homem, pode ver a vida com olhos novos. É isto que importa.

Quando os fariseus e entendidos em religião o acossam com suas perguntas, o homem responde com toda simplicidade: "acho que ele é um profeta". Não sabe muito bem quem é, mas alguém capaz de abrir os olhos só pode vir de Deus. Então os fariseus se enfurecem, o insultam e o "expulsam" de sua comunidade religiosa.

A reação de Jesus é comovente. "Quando ficou sabendo que o expulsaram, foi procurá-lo." Assim é Jesus. Não devemos esquecer jamais que é Ele que vem ao encontro dos homens e mulheres que não são acolhidos pela religião. Jesus não abandona quem o busca e o ama, mesmo que tenha sido excluído de sua comunidade religiosa.

O diálogo é breve: "Crês no Filho do homem?" Ele está disposto a crer. Seu coração já é crente, mas ignora tudo: "Quem é Ele, Senhor, para que eu creia nele?" Jesus lhe diz que não está longe: "Tu o estás vendo: é aquele que fala contigo, é esse". Segundo o evangelista, esta história aconteceu em Jerusalém por volta do ano trinta, e continua acontecendo hoje entre nós no século XXI.

OLHOS NOVOS

O relato do cego de Siloé está estruturado a partir da chave de um forte contraste. Os fariseus acham que sabem tudo. Não duvidam de nada. Impõem sua verdade e chegam até a expulsar da sinagoga o pobre cego curado: "Nós sabemos que Deus falou a Moisés". "Sabemos que esse homem que te curou não guarda o sábado." "Sabemos que é pecador."

Ao contrário, o mendigo curado por Jesus não sabe nada. Só conta sua experiência a quem o queira escutar. "Só sei que eu era cego e agora vejo." "Esse homem me untou os olhos e comecei a ver." O relato se encerra com esta advertência final de Jesus: "Eu vim para que os que não veem vejam, e os que veem se tornem cegos".

A Jesus lhe dá medo uma religião defendida por escribas infalíveis e arrogantes que manejam autoritariamente a Palavra de Deus para impô-la, utilizá-la como arma ou até para excomungar aqueles que sentem de maneira diferente. Ele teme os doutores da lei, mais preocupados em "guardar o sábado" do que em "curar" mendigos enfermos. Parece-lhe uma tragédia uma religião com "guias cegos" e Ele o diz abertamente: "Se um cego guia outro cego, ambos cairão no buraco".

Nós teólogos, pregadores, catequistas e educadores que pretendemos "guiar" outros sem talvez nos termos deixado iluminar a nós mesmos por Jesus, será que não devemos dar ouvidos à sua interpelação? Vamos continuar repetindo incansavelmente nossas doutrinas sem viver uma experiência pessoal de encontro com Jesus que nos abra os olhos e o coração?

Nossa Igreja não precisa hoje de pregadores que encham as igrejas de palavras, mas de testemunhas que transmitam, ainda que seja de maneira humilde, sua pequena experiência do Evangelho. Não precisa de fanáticos que defendem "verdades" de maneira autoritária e com linguagem vazia, tecida de tópicos e frases feitas. Precisamos de crentes de verdade, atentos à vida e sensíveis aos problemas das pessoas, buscadores de Deus, capazes de escutar e acompanhar com respeito tantos homens e mulheres que sofrem, buscam e não acertam viver de maneira mais humana nem mais crente.

BUSCAR A LUZ

Não fomos feitos para viver na escuridão. Temos medo de caminhar no meio de trevas. E, no entanto, a vida muitas vezes se apresenta a nós como um caminho que devemos percorrer "às apalpadelas". Não queremos aceitar o mistério. Mas o mistério está presente no mais profundo de nossa vida.

O ser humano foi abrindo caminho na história tratando de iluminar a vida com sua razão. E certamente deu passos gigantescos. A humanidade foi acumulando cada vez mais dados, organizou esses dados em sistemas e ciências cada vez mais complexos, e os transformou em técnicas cada vez mais poderosas para dominar o mundo e a vida.

E, não obstante, a razão é uma luz que nos deixa ainda nas trevas. A razão pode explicar tudo menos a si mesma. Diríamos que o ser humano pode conhecer e dominar tudo, mas não pode conhecer e dominar sua origem nem seu destino último.

Os cientistas mais avançados do nosso século encontram-se tão impotentes como os humildes povoadores do paleolítico para responder as perguntas decisivas do ser humano. Qual é o destino último da humanidade? O que vai ser de todos e de cada um de nós? É a vida um parêntese entre dois grandes "vazios"? Será que nos espera algo ou alguém além da morte? O mais racional seria reconhecer que nossa vida se desenvolve humildemente no horizonte do desconhecido.

É neste horizonte que se situa o crente. Não como alguém que pretende "ver" e "explicar" o enigma último da existência, mas como um cego que busca luz, se deixa iluminar por Jesus e se atreve a enfrentar com confiança o mistério da vida porque crê em um Pai.

Muitos cristãos falam hoje de sua fé com uma insegurança cada vez maior. Sentem em seu interior o enfrentamento de diversas ideologias, correntes e crenças. Queriam reformular sua fé e conseguir uma nova síntese cristã da vida, mas não o conseguem. Talvez sem atrever-se a confessá-lo a si mesmos, vão se sentindo interiormente descrentes porque descobrem que sua fé foi se convertendo em algo irreal.

É então que, longe de palavras vazias e falsas seguranças, devemos adotar uma postura humilde e sincera de busca, como aquele cego de nascença que se deixou iluminar por Jesus. Também hoje Ele pode fazer que "os que não veem vejam, e os que veem se tornem cegos".

Testemunha da verdade

Há um traço que define Jesus e configura toda sua atuação: é sua vontade de viver na verdade. É surpreendente sua decisão de viver na verdade, sem enganar-se nem enganar a ninguém. Não é frequente encontrar um homem assim na história. Jesus não só diz a verdade, mas busca a verdade e crê nela. Está convencido de que a verdade humaniza a todos.

Por isso Ele não tolera a mentira ou a falsidade. Não suporta a tergiversação ou as manipulações. Nele não há vislumbres de dissimular a verdade ou de convertê-la em propaganda. Sua honestidade com a realidade o torna livre para dizer toda a verdade. Jesus se converterá na "voz dos sem voz, e na voz contra os que têm demasiada voz" (Jon sobrino).

Jesus vai sempre ao fundo das coisas. Fala com autoridade porque fala a partir da verdade. Não precisa de falsos autoritarismos. Fala com convicção, mas sem dogmatismos. Não tem necessidade de pressionar ninguém. Basta sua verdade. Não grita contra os ignorantes, mas contra os que falseiam interessadamente a verdade para agir de maneira injusta.

Jesus convida a buscar a verdade. Não fala como os fanáticos que a impõem, nem como os encarregados que a "defendem" por obrigação. Diz as coisas com absoluta simplicidade e soberania. O que Ele diz e faz é diáfano e fácil de entender. As pessoas o percebem prontamente. Em contato com Jesus, cada qual se encontra consigo mesmo e com o melhor que há nele. Jesus nos leva à nossa própria verdade.

Quando este homem fala de um Deus que quer uma vida digna para os mais desgraçados e indefesos, ele se torna digno de fé. Sua palavra não é a de um farsante interessado em sua própria causa, nem a de um religioso piedoso que busca seu bem-estar espiritual. É a palavra de quem traz a verdade de Deus para os que querem acolhê-la.

Segundo o quarto Evangelho, Jesus disse: "Eu vim a este mundo para que os que não veem vejam, e os que veem se tornem cegos". É assim: quando reconhecemos nossa cegueira e acolhemos seu Evangelho, começamos a ver a verdade.

16
A PORTA

Naquele tempo, Jesus disse aos fariseus: *"Na verdade eu vos digo: quem não entra pela porta do redil das ovelhas, mas sobe por outro lugar, é ladrão e assaltante. Quem entra pela porta é o pastor das ovelhas. Para este o guarda abre a porta e as ovelhas ouvem sua voz. Ele chama as ovelhas que lhe pertencem pelo nome e as leva para fora. Depois de fazer sair todas elas, vai na frente e elas o seguem, porque conhecem a sua voz. Não seguem o estranho, mas fogem dele, pois não conhecem a voz do estranho".*
Jesus falou de modo figurado e eles não entenderam o que queria dizer. Por isso Jesus continuou: "Na verdade eu vos digo: eu sou a porta das ovelhas. Todos que vieram antes de mim eram ladrões e assaltantes, mas as ovelhas não os ouviram. Eu sou a porta. Quem entrar por mim será salvo. Entrará e sairá e encontrará pastagem. O ladrão só vem para roubar, matar e destruir. Eu vim para que tenhais vida e a tenham em abundância" (Jo 10,1-10).

ACERTAR A PORTA

O Evangelho de João apresenta Jesus com imagens originais e belas. Quer que seus leitores descubram que só Ele pode responder plenamente às necessidades mais fundamentais do ser humano. Jesus é "pão da vida": quem se alimenta dele não terá mais fome. É "a luz do mundo": quem o seguir não caminhará na escuridão. É "o Bom Pastor": quem escuta a sua voz encontrará a vida.

Entre essas imagens há uma, humilde e quase esquecida, que, no entanto, encerra um conteúdo profundo. "Eu sou a porta." Assim é Jesus: uma porta aberta. Quem o segue cruza o umbral que conduz a um mundo novo: uma maneira nova de entender e viver a vida.

O evangelista explica isto com três traços: "Quem entrar por mim se salvará". A vida tem muitas saídas. Nem todas levam ao êxito, nem garantem uma vida plena. Quem, de alguma maneira, sintoniza com Jesus e trata de segui-lo, está entrando pela porta certa. Este não porá a perder sua vida, mas a salvará.

O evangelista diz ainda algo mais: quem entrar por Jesus "poderá sair e entrar". Tem liberdade de movimentos. Entra num espaço onde pode ser livre, pois só se deixa guiar pelo Espírito de Jesus. Não é o país da anarquia ou da libertinagem. "Entra e sai" passando sempre através dessa "porta" que é Jesus, e se move seguindo seus passos.

O evangelista ainda acrescenta outro detalhe: quem entra por essa porta que é Jesus "encontrará pastos", não passará fome nem sede. Encontrará alimento sólido e abundante para viver.

Cristo é a "porta" pela qual também hoje nós cristãos temos de entrar, se quisermos reavivar nossa identidade. Um cristianismo formado por pessoas batizadas que se relacionam com um Jesus mal conhecido, vagamente lembrado, afirmado de vez em quando de maneira abstrata, um Jesus mudo que não diz nada especial ao mundo de hoje, um Jesus que não toca os corações... é um cristianismo sem futuro.

Só Cristo pode conduzir-nos a um nível novo de vida cristã, mais bem fundamentada, motivada e alimentada no Evangelho. Cada um de nós pode contribuir para que, na Igreja dos próximos anos, Jesus possa ser sentido e vivido de maneira mais viva e apaixonada. Podemos fazer que a Igreja seja mais de Jesus.

JESUS É A PORTA

Jesus propõe a um grupo de fariseus um relato metafórico no qual critica com dureza os dirigentes religiosos de Israel. A cena foi tomada da vida pastoril. O rebanho está resguardado dentro de um redil, rodeado por uma cerca ou pequeno muro, enquanto um guarda vigia o acesso. Jesus concentra sua atenção precisamente nessa "porta" que permite chegar às ovelhas.

Há duas maneiras de entrar no redil. Tudo depende do que se pretende fazer com o rebanho. Se alguém se aproxima do redil e "não entra pela porta", mas vai tentar entrar "por outro lugar", é evidente que não é o pastor. Não vem cuidar de seu rebanho, mas é "um estranho" que vem "roubar, matar e causar dano".

A atuação do verdadeiro pastor é bem diferente. Quando se aproxima do redil, "entra pela porta", vai chamando as ovelhas pelo nome e elas atendem sua voz. Faz todas as ovelhas sair e, quando reuniu todas, vai caminhando à frente delas até os pastos onde poderão alimentar-se. As ovelhas o seguem porque reconhecem sua voz.

Que segredo se encerra nessa "porta" que legitima os verdadeiros pastores que passam por ela e desmascara os estranhos que entram "por outro lugar", não para cuidar do rebanho, mas para causar-lhe dano? Os fariseus não entendem de que está lhes falando aquele Mestre.

Então Jesus lhes dá a chave do relato: "Em verdade vos digo: eu sou a porta das ovelhas". Os que entram pelo caminho aberto por Jesus e o seguem vivendo seu Evangelho são verdadeiros pastores: saberão alimentar a comunidade cristã. Os que entram no redil deixando Jesus de lado e ignorando sua causa são pastores estranhos: causarão dano ao povo cristão.

Em muitas Igrejas estamos todos sofrendo muito, tanto os pastores como o povo de Deus. As relações entre a hierarquia e o povo cristão são vividas com frequência de maneira receosa, constrangida e conflitiva: há bispos que se sentem rejeitados e há setores cristãos que se sentem marginalizados.

Seria muito fácil atribuir tudo ao autoritarismo abusivo da hierarquia ou à insubmissão inaceitável dos fiéis. A raiz é mais profunda e complexa. Criamos entre todos nós uma situação difícil. Perdemos a paz. Vamos necessitar cada vez mais de Jesus.

Temos que fazer crescer entre nós o respeito mútuo e a comunicação, o diálogo e a busca sincera da verdade evangélica. Precisamos respirar o quanto antes um clima mais amável na Igreja. Não sairemos desta crise se não voltarmos todos ao espírito de Jesus. Ele é "a porta".

Ouvir a voz de Jesus

Em alguns âmbitos da Igreja, insiste-se mais do que nunca na necessidade de um "magistério eclesiástico" forte para dirigir os fiéis no meio da crise atual. Mas estas advertências não conseguirão deter sua crescente "desvalorização" entre amplos setores de cristãos.

De fato, não poucas intervenções dos bispos provocam ações contrárias. Por uns são louvadas com fervor, por outros duramente criticadas, e a maioria as esquece em poucos dias. Enquanto isso, no Evangelho nos são lembradas palavras de Jesus que interpelam a todos nós: "As ovelhas seguem o pastor porque conhecem sua voz".

O que é primordial e decisivo também hoje é que, na Igreja, nós crentes escutemos "a voz" de Jesus Cristo em toda sua originalidade e pureza, não o peso das tradições nem a novidade das modas, não as "preocupações" dos eclesiásticos, nem os "gostos" dos teólogos, não nossos interesses, medos ou acomodações.

Isto exige não confundir sem mais a voz de Jesus Cristo com qualquer palavra que se pronuncie na Igreja. Não devemos dar por certo que em toda intervenção dos bispos, em toda pregação dos párocos, em todo escrito dos teólogos ou em toda exposição dos catequistas está se escutando fielmente a voz de Jesus.

Sempre existe o risco de enchermos a Igreja de escritos e cartas pastorais, de documentos e livros de teologia, de catequeses e pregações, substituindo com nosso "ruído" a voz inconfundível de Jesus, nosso único Mestre. O bispo Santo Agostinho recordava isto sempre de novo: "Temos um só Mestre. E, abaixo dele, todos somos codiscípulos. Não nos constituímos mestres pelo fato de falar do púlpito. O verdadeiro Mestre fala de dentro".

Devemos perguntar-nos se a palavra que se ouve na Igreja provém da Galileia e nasce do Espírito do Ressuscitado. Isto é o decisivo, pois o magistério, a pregação ou a teologia devem ser um convite para que todos e cada um de nós crentes escutemos de maneira fiel a voz de Cristo. Só quando alguém "aprende" algo de Jesus, converte-se em seu seguidor.

Não se improvisa

Não é raro encontrar-nos hoje com pessoas que valorizam sinceramente a religião e estão convencidas de que a fé em Deus não é uma ilusão. No entanto, sua fé está como que bloqueada. Há tempo que não rezam nem tomam parte numa celebração religiosa. Não conseguem comunicar-se com Deus nem com Cristo.

Esta comunicação com Deus não se improvisa. Não é algo que brota sem mais da superfície da pessoa. Requer uma atitude interior de abertura e uma certa aprendizagem.

Primeiramente devemos situar-nos diante de Alguém. Para os cristãos, Deus não é uma força temível, a energia que dirige o cosmos ou algo semelhante. Antes de tudo é Amigo e Pai. O importante diante de Deus é captar sua presença amistosa. Tudo o mais vem depois. Sentir Deus como Amigo muda tudo.

Em segundo lugar, devemos arriscar-nos a confiar. A vida nem sempre é fácil. Cedo ou tarde todos conhecemos a experiência do vazio, a impotência ou o sem-sentido. Nem sempre conseguimos encontrar descanso e paz. Quem se abre ao Deus revelado em Jesus Cristo aprende a escutar no fundo de seu ser estas palavras decisivas: "Não tenhas medo".

Além disso, é importante captar Deus como criador de vida. No mais íntimo de cada um de nós habita seu Espírito que é "Senhor e doador de vida". Acolher Deus não consiste em viver de forma ingênua, infantil ou irresponsável. Ao contrário, é reforçar nossa verdadeira identidade, crescer como pessoas, aprender a viver a vida intensamente, em profundidade, a partir de sua raiz.

O crente também trata de escutar a vontade de Deus, isto é, "o bom, o agradável, o perfeito", o que pode estar em sintonia com Aquele que só quer o bem e a felicidade de todo ser humano. Não é fácil. Temos que aprender a descobrir nosso desejo mais profundo, não os desejos que o mascaram e desfiguram, mas "isso" que realmente nosso coração anda buscando do mais íntimo. Esse desejo interior precisa sempre ser purificado, mas não está longe da "vontade de Deus".

Para o evangelista João é decisivo na fé cristã "atender à voz" de Cristo. Só as ovelhas que reconhecem a voz do Pastor e se sentem chamadas por Ele são capazes de segui-lo fielmente. Esse Pastor nos conduz até o Pai.

O MANDAMENTO DE VIVER

Tanto nos queixamos dos problemas, trabalhos e penalidades de nossa vida diária que corremos o risco de esquecer que a vida é uma dádiva, o grande dom que todos recebemos de Deus. Se não tivéssemos nascido, ninguém sentiria nossa falta. Ninguém teria notado nossa ausência. Tudo teria seguido sua marcha e nós teríamos ficado esquecidos para sempre no nada.

E, apesar de tudo, vivemos. Operou-se esse milagre único e irrepetível que é minha vida. Como diz o genial pensador judeu Martin Buber, "cada um dos seres humanos representa algo novo, algo que nunca antes existiu, algo original e único". Ninguém, antes de mim, foi igual a mim nem jamais o será. Ninguém verá jamais o mundo com meus olhos. Ninguém acariciará com minhas mãos. Ninguém rezará a Deus com meus lábios. Nunca ninguém amará com meu coração.

Minha vida é irrepetível. É tarefa minha e só eu posso vivê-la. Se eu não a faço, ficará para sempre sem fazer. Haverá no mundo um vazio que ninguém poderá encher. Por isso, ainda que muitas vezes o esqueçamos, o primeiro mandamento que nós humanos recebemos de Deus é viver. Mandamento que não está escrito em tábuas de pedra, mas gravado no mais profundo de nosso ser.

Nosso primeiro gesto de obediência a Deus é viver, amar a vida, acolhê-la com coração agradecido, cuidar dela com solicitude, desenvolver todas as possibilidades encerradas em nós.

Mas viver não significa apenas assegurar um bom funcionamento do nosso organismo físico, ou conseguir um desenvolvimento harmonioso de nosso psiquismo, mas crescer como seres plenamente humanos. O ideal de *mens sana in corpore sano* (mente sã num corpo são) pode ser algo perfeitamente inumano e empobrecedor, se não vivemos escutando o chamado do Criador, abertos ao amor, criando em nosso entorno uma vida sempre mais humana.

São muitos os cristãos que não chegam sequer a suspeitar que a fé é precisamente um princípio de vida, e vida sadia. Falta-lhes descobrir por experiência pessoal que Deus não é alguém a quem convém ter em conta casualmente, mas que Deus é precisamente e antes de tudo "alguém que faz viver".

Apesar de suas dúvidas e incertezas, o crente vai descobrindo Deus como alguém que sustenta sua vida, inclusive nos momentos mais adversos, alguém que dá forças para começar sempre de novo, alguém que alimenta em nós uma esperança indestrutível, quando a vida parece apagar-se para sempre.

Ao ouvir as palavras de Jesus "Eu vim para que tenham vida, e a tenham em abundância", o crente não precisa mais recorrer a outros para que lhe expliquem seu sentido. Ele sabe que são verdade.

17

Bom Pastor

Naquele tempo disse Jesus aos fariseus: "Eu sou o Bom Pastor. O Bom Pastor dá a vida por suas ovelhas. O mercenário, que não é pastor, de quem não são as ovelhas, quando vê o lobo chegar, abandona as ovelhas e foge. Então o lobo ataca e dispersa as ovelhas. Assim age porque é mercenário e não se importa com as ovelhas.

Eu sou o Bom Pastor. Conheço as minhas ovelhas e elas me conhecem, assim como o Pai me conhece e eu conheço o Pai. Eu dou minha vida pelas ovelhas. Possuo ainda outras ovelhas que não são deste redil. É preciso que eu as conduza; elas ouvirão minha voz e haverá um só rebanho e um só pastor. O Pai me ama porque dou minha vida para de novo retomá-la. Ninguém a tira de mim. Sou eu mesmo que a dou. Tenho o poder de dá-la e de retomá-la. Esta é a ordem que recebi do meu Pai" (Jo 10,11-18).

Vá conosco

O símbolo de Jesus como Bom Pastor produz hoje em alguns cristãos uma certa aversão. Não queremos ser tratados como ovelhas de um rebanho. Não precisamos de ninguém que governe e controle nossa vida. Queremos ser respeitados. Não necessitamos de nenhum pastor.

Não é assim que se sentiam os primeiros cristãos. A figura de Jesus, Bom Pastor, tornou-se muito cedo a imagem mais querida de Jesus. Já nas catacumbas de Roma Jesus é representado carregando sobre os ombros a ovelha perdida. Ninguém está pensando em Jesus como um pastor autoritário, dedicado a vigiar e controlar seus seguidores, mas como um bom pastor que cuida de suas ovelhas.

O "bom pastor" se preocupa com suas ovelhas. É seu primeiro traço. Não as abandona nunca. Não as esquece. Vive pendente delas. Está sempre atento às mais fracas ou doentes. Não é como o pastor mercenário que, quando vê algum perigo, foge para salvar sua própria vida, abandoando o rebanho: não lhe importam as ovelhas.

Jesus havia deixado uma lembrança inapagável. Os relatos evangélicos o descrevem preocupado com os enfermos, os marginalizados, os pequenos, os mais indefesos e esquecidos, os mais perdidos. Não parece preocupar-se consigo mesmo. Sempre é visto pensando nos outros. Importam-lhe sobretudo os mais desvalidos.

Há, porém, algo mais. "O bom pastor dá a vida por suas ovelhas." É o segundo traço. Até cinco vezes o Evangelho de João repete esta linguagem. O amor de Jesus às pessoas não tem limites. Ele ama os outros mais do que a si mesmo. Ama a todos com amor de bom pastor que não foge do perigo, mas que dá sua vida para salvar o rebanho.

Por isso, a imagem de Jesus, "Bom Pastor", converte-se bem cedo numa mensagem de consolo e confiança para seus seguidores. Os cristãos aprenderam a dirigir-se a Jesus com palavras tomadas do Salmo 22: "O Senhor é meu pastor, nada me faltará... ainda que caminhe por um vale de espessas trevas, não temo mal algum, porque Tu estás comigo... Tua bondade e tua misericórdia me acompanharão todos os dias de minha vida".

Nós cristãos vivemos muitas vezes uma relação bastante pobre com Jesus. Precisamos conhecer uma experiência mais viva e íntima. Não cremos que Ele cuida de nós. Esquecemos que podemos recorrer a Ele quando nos sentimos cansados e sem forças, ou perdidos e desorientados.

Uma Igreja formada por cristãos que se relacionam com um Jesus mal conhecido, confessado só de maneira doutrinal, um Jesus longínquo cuja voz não se escuta bem nas comunidades... corre o risco de esquecer seu Pastor. Mas, quem cuidará da Igreja, se não é seu Pastor?

O BOM PASTOR

A figura do pastor era muito familiar na tradição de Israel. Moisés, Saul, Davi e outros líderes tinham sido pastores. Agradava ao povo imaginar Deus como um "pastor" que cuida de seu povo, o alimenta e o defende.

Com o tempo, o termo "pastor" começou a ser utilizado para designar também os chefes do povo. Só que estes nem sempre se pareciam com Deus, ao contrário. Não sabiam cuidar do povo e velar pelas pessoas como Ele o fazia.

Todos se lembravam das duras críticas do profeta Ezequiel aos dirigentes de seu tempo: "Ai dos pastores de Israel que se apascentam a si mesmos!... Não fortalecestes a ovelha fraca, não curastes a ovelha doente nem enfaixastes a ovelha quebrada. Não trouxestes de volta a ovelha desgarrada, não procurastes a ovelha perdida, mas as dominastes com dureza e brutalidade" (Ez 34,2-4). O profeta anunciava um futuro diferente: Diz o Senhor: "Eis que eu mesmo buscarei minhas ovelhas e tomarei conta delas" (Ez 34,11).

Quando nas primeiras comunidades cristãs começaram os conflitos e dissensões, os seguidores de Jesus sentiram a necessidade de recordar que só Ele é Bom Pastor. Felizmente houve um escritor que recolheu uma bela alegoria para apresentá-lo como o pastor modelo, capaz de desmascarar todos aqueles que não são como Ele.

Jesus havia atuado só por amor. Todos se lembravam ainda de sua entrega às "ovelhas perdidas de Israel": as mais fracas, as mais enfermas e feridas, as mais desgarradas. O bom pastor sempre trata as ovelhas com cuidado e amor. O pastor que se preocupa com seus próprios interesses é um "assalariado". Na verdade "não se importa com as ovelhas" nem com o sofrimento delas.

Jesus não quis atuar como um chefe dedicado a dirigir, governar ou controlar. Seu modo de atuar era este: "dar vida", curar, perdoar. O que Ele fez foi só "entregar-se", consumir-se, terminar crucificado dando a vida pelas ovelhas. Aquele que não é verdadeiro pastor pensa em si mesmo, "abandona as ovelhas", evita os problemas e "foge". A alegoria do "bom pastor" lança uma luz decisiva: quem tem alguma responsabilidade pastoral deve parecer-se com Jesus.

No cotidiano

Nossa vida se decide no cotidiano. De modo geral não são os momentos extraordinários e excepcionais que marcam mais a nossa vida. É muito mais essa vida comum de todos os dias, com as mesmas tarefas e obrigações, em contato com as mesmas pessoas, que vai configurando nosso perfil. No fundo somos o que somos na vida cotidiana.

Em geral, essa vida nada tem de excitante. Está cheia de repetição e rotina. Mas é nossa vida. Somos "seres cotidianos". A cotidianidade é um traço do ser humano. Somos, ao mesmo tempo, responsáveis e vítimas dessa vida aparentemente pequena de cada dia.

Nessa vida do normal e ordinário, podemos crescer como pessoas ou podemos desperdiçar nossa vida, não aproveitá-la. Nessa vida cresce nossa responsabilidade ou aumenta nossa negligência; cuidamos de nossa dignidade ou nos perdemos na mediocridade; inspira-nos e anima-nos o amor, ou agimos com indiferença; deixamo-nos arrastar pela superficialidade ou arraigamos nossa vida no essencial; nossa fé vai se dissolvendo ou vai se reafirmando nossa confiança em Deus.

A vida cotidiana não é algo que devemos suportar para depois viver não sei o quê. É nessa vida de cada dia que se decide nossa qualidade humana e cristã. É aí que se fortalece a autenticidade de nossas decisões; aí se purifica nosso amor às pessoas; aí se configura nossa maneira de pensar e de crer. O grande teólogo Karl Rahner chega a dizer que "para o homem interior e espiritual não há melhor mestre do que a vida cotidiana".

Segundo a teologia do quarto Evangelho, os seguidores de Jesus não caminham pela vida sós e desamparados. O Bom Pastor os acompanha e defende dia a dia. Eles são como "ovelhas que escutam sua voz e o seguem". Ele conhece cada uma delas e lhes dá vida eterna. É Cristo que ilumina, orienta e anima sua vida dia a dia até a vida eterna.

No dia a dia da vida cotidiana devemos buscar o Ressuscitado no amor, não na letra morta; na autenticidade, não nas aparências; na verdade, não nos tópicos; na criatividade, não na passividade e inércia; na luz, não na escuridão das segundas intenções; no silêncio interior, não na agitação superficial.

Para uma maior comunicação

Quando começaram entre os primeiros cristãos os conflitos e dissensões entre grupos e líderes diferentes, alguém sentiu a necessidade de lembrar que, na comunidade de Jesus, só Ele é o Bom Pastor. Não um pastor a mais, mas o autêntico pastor, o verdadeiro, o modelo que todos devem seguir.

Esta bela imagem de Jesus, o Bom Pastor, é um apelo à conversão, dirigido aos que podem reivindicar o título de "pastores" na comunidade cristã. O pastor que se parece com Jesus só pensa em suas ovelhas, não "foge" diante dos problemas, não as "abandona". Ao contrário, está sempre junto delas para defendê-las, consome-se por elas e até "expõe sua vida" buscando o bem delas.

Ao mesmo tempo, esta imagem é um convite à comunhão fraterna entre todos. O bom pastor "conhece" suas ovelhas e as ovelhas o "conhecem". Só a partir desta íntima proximidade, a partir deste conhecimento mútuo e a partir desta comunhão de coração, o bom pastor compartilha sua vida com as ovelhas. É para esta comunhão e este mútuo conhecimento que devemos também nós caminhar hoje na Igreja.

Nestes momentos não fáceis para a fé, precisamos como nunca reunir forças, buscar juntos critérios evangélicos e linhas mestras de ação, para saber em que direção devemos caminhar de maneira criativa para o futuro. Infelizmente, não é isto que está acontecendo. Fazem-se alguns apelos convencionais para viver em comunhão, mas não estamos dando passos concretos para criar um clima de escuta mútua e diálogo. Ao contrário, crescem as desqualificações e dissensões entre bispos e teólogos; entre teólogos de diferentes tendências; entre movimentos e comunidades de diverso sinal...

Mas, talvez, o mais triste é ver como continua crescendo a distância entre a hierarquia e o povo cristão. É como se vivessem em dois mundos diferentes. Em muitos lugares, os "pastores" e as "ovelhas" mal se conhecem. Para alguns bispos não é fácil sintonizar com as necessidades reais dos fiéis, para oferecer-lhes a orientação e o ânimo de que necessitam. Para muitos fiéis também é difícil sentir afeto e interesse por pastores que veem distantes de seus problemas.

Só cristãos cheios do Espírito do Bom Pastor podem ajudar-nos a criar o clima de aproximação, de mútua escuta, de respeito recíproco e diálogo humilde de que tanto necessitamos.

A NECESSIDADE DE UM GUIA

Para os primeiros cristãos, Jesus não é só um pastor, mas o verdadeiro e autêntico pastor. O único líder capaz de orientar e dar verdadeira vida ao ser humano. Esta fé em Jesus como verdadeiro pastor e guia adquire uma atualidade nova numa sociedade massificada como a nossa, onde as pessoas correm o risco de perder sua própria identidade e ficar aturdidas diante de tantas vozes e reclamos.

A publicidade e os meios de comunicação social impõem ao indivíduo não só a roupa que deve vestir, a bebida que deve tomar ou a música que deve ouvir. Impõem também os hábitos, os costumes, as ideias, os valores, o estilo de vida e a conduta que deve adotar.

Os resultados são palpáveis. São muitas as vítimas desta "sociedade-aranha". Pessoas que vivem "segundo a moda". Pessoas que já não agem por própria iniciativa. Homens e mulheres que buscam sua pequena felicidade, esforçando-se para adquirir aqueles objetos, ideias e comportamentos que lhes são ditados de fora.

Expostos a tantos chamarizes e reclamos, corremos o risco de não escutar mais a voz do próprio interior. É triste ver as pessoas esforçando-se para viver um estilo de vida "imposto" de fora, que simboliza para elas o bem-estar e a verdadeira felicidade.

Nós cristãos cremos que só Jesus pode ser guia definitivo do ser humano. Só com Ele podemos aprender a viver. O cristão é precisamente aquele que, a partir de Jesus, vai descobrindo dia a dia qual é a maneira mais humana de viver.

Seguir a Jesus como Bom Pastor é interiorizar as atitudes fundamentais que Ele viveu, e esforçar-nos para vivê-las hoje a partir de nossa própria originalidade, prosseguindo a tarefa de construir o reino de Deus que Ele começou.

Mas, enquanto a meditação for substituída pela televisão, o silêncio interior pelo ruído e o seguimento da própria consciência pela submissão cega à moda, será difícil escutarmos a voz do Bom Pastor que pode ajudar-nos a viver no meio desta "sociedade do consumo" que consome seus consumidores.

18
RETORNAR A JESUS

Naquele tempo, disse Jesus: "Minhas ovelhas ouvem a minha voz; eu as conheço e elas me seguem. Eu lhes dou a vida eterna e elas nunca morrerão, e ninguém as arrancará de minha mão. Meu Pai que me deu as ovelhas é maior do que todos, e ninguém poderá retirá-las da mão do meu Pai. Eu e o Pai somos um" (Jo 10,27-30).

RETORNAR A JESUS

Podemos fazer todo tipo de estudos e diagnósticos, mas o certo é que o mundo precisa hoje de nova seiva para viver. As Igrejas andam buscando ânimo e esperança. As multidões pobres do planeta reivindicam justiça e pão. O Ocidente já não sabe como sair desta tristeza mal dissimulada que nenhum bem-estar consegue ocultar.

O problema não é só de mudanças políticas, nem de renovações teológicas, mas de vida. Estamos necessitados de algo parecido com o "fogo" de que Jesus foi tomado em sua breve passagem pela terra: sua mística, sua lucidez, sua paixão pelo ser humano. Precisamos de pessoas como Ele, de palavras como as dele, de esperança e amor como os dele. Precisamos retornar a Jesus.

Desde o início, os cristãos viram que Ele podia guiar os seres humanos. Com sua conhecida linguagem, o quarto Evangelho o apresenta como o "pastor" capaz de libertar as ovelhas do redil onde estão encurraladas para "levá-las para fora", a um país novo de vida e dignidade. Ele vai à frente marcando o caminho aos que querem segui-lo.

Jesus não impõe nada. Não força ninguém. Chama cada um "por seu nome". Para Ele não há massas. Cada um tem nome e rosto próprios. Cada um deve escutar sua voz sem confundi-la com a de estranhos que não passam de "ladrões", que roubam do povo luz e esperança.

O decisivo é isto: não escutar vozes estranhas, fugir de mensagens que não vêm da Galileia. Sempre que a Igreja procurou renovar-se, ela desencadeou um retorno a Jesus para seguir de novo seus passos. Como foi lembrado tantas vezes, "segue-me" é a primeira e a última palavra de Jesus a Pedro (Dietrich Bonhoeffer).

Mas retornar a Jesus não é tarefa exclusiva do papa nem dos bispos. Todos nós crentes somos responsáveis. Para retornar a Jesus não é preciso esperar nenhuma ordem. Francisco de Assis não esperou que a Igreja de seu tempo tomasse não sei que decisões. Ele mesmo se converteu ao Evangelho e começou a aventura de seguir a Jesus de verdade. Temos que esperar o que para despertar entre nós uma paixão nova pelo Evangelho e por Jesus?

Escutar sua voz e seguir seus passos

A cena é tensa e conflitiva. Jesus está andando pelo recinto do Templo. De repente, um grupo de judeus o rodeia acossando-o com ar ameaçador. Jesus não se intimida, mas reprova abertamente a falta de fé deles: "Vós não credes porque não sois minhas ovelhas". O evangelista diz que, ao terminar de falar, os judeus apanharam pedras para apedrejá-lo.

Para provar que não são suas ovelhas, Jesus se atreve a explicar-lhes o que significa ser dos seus. Só sublinha dois traços, os mais essenciais e imprescindíveis. "Minhas ovelhas escutam a minha voz... e me seguem". Depois de vinte séculos, nós cristãos temos que recordar de novo que o essencial para ser a Igreja de Jesus é escutar sua voz e seguir seus passos.

Primeiramente despertar a capacidade de escutar a Jesus. Desenvolver muito mais em nossas comunidades essa sensibilidade que está viva em muitos cristãos simples, que sabem captar a Palavra que vem de Jesus em todo seu frescor e sintonizar com sua Boa Notícia de Deus. João XXIII disse numa ocasião que "a Igreja é como uma velha fonte de povoado de cuja torneira há de correr sempre água fresca". Nesta velha Igreja de vinte séculos temos que fazer correr a água fresca de Jesus.

Se não quisermos que nossa fé se vá diluindo progressivamente em formas decadentes de religiosidade superficial, no meio de uma sociedade que invade nossas consciências com mensagens, palavras de ordem, imagens, comunicados e anúncios de todo tipo, temos que aprender a pôr no centro de nossas comunidades a Palavra viva, concreta e inconfundível de Jesus, nosso único Senhor.

Mas não basta escutar sua voz. É necessário seguir seus passos. Chegou o momento de decidir-nos entre contentar-nos com uma "religião burguesa" que tranquiliza as consciências, mas afoga nossa alegria, ou aprender a viver a fé cristã como uma aventura apaixonante de seguir a Jesus.

A aventura consiste em crer o que Ele creu, dar importância ao que Ele deu, defender a causa do ser humano como Ele a defendeu, aproximar-nos dos indefesos e desvalidos como Ele se aproximou, ser livres para fazer o bem como Ele o fez, confiar no Pai como Ele confiou e enfrentar a vida e a morte com a esperança que Ele as enfrentou.

Se aqueles que vivem perdidos, sós e desorientados, podem encontrar na comunidade cristã um lugar onde se aprende a viver de maneira mais digna, solidária e libertada seguindo a Jesus, a Igreja estará oferecendo à sociedade um de seus melhores serviços.

DEUS NÃO ESTÁ EM CRISE

Nós cristãos dizemos que cremos em Deus, mas na prática vivemos como se Ele não existisse. Isto é mais frequente do que pensamos. Este é também o risco que corremos hoje ao abordar a crise religiosa atual e o futuro incerto da Igreja: viver estes momentos de maneira "ateia".

Já não sabemos caminhar no "horizonte de Deus". Analisamos nossas crises e planejamos o futuro pensando só em nossas possibilidades. Esquecemos que o mundo está nas mãos de Deus, não nas nossas. Ignoramos que o "Grande Pastor" que cuida e guia a vida de cada ser humano é Deus. Vivemos como "órfãos" que perderam seu Pai. A crise nos ultrapassa. O que se pede de nós, parece-nos excessivo, fora do alcance. Para nós é difícil perseverar com ânimo numa tarefa sem vislumbrar nenhum êxito. Sentimo-nos sós e cada um se defende como pode.

Segundo o relato evangélico, Jesus está em Jerusalém comunicando sua mensagem. É inverno e, para não resfriar-se, Jesus passeia por um do pórticos do Templo, rodeado de judeus que o acossam com suas perguntas. Jesus está falando das "ovelhas" que escutam sua voz e o seguem. Num determinado momento Ele diz: "Meu Pai, que me deu as ovelhas, supera a todos e ninguém pode arrebatá-las da mão de meu Pai".

Segundo Jesus, "Deus supera a todos". Que nós estejamos em crise, não significa que Deus esteja em crise. Que nós cristãos estejamos perdendo o ânimo, não quer dizer que Deus tenha ficado sem forças para salvar. Que nós não saibamos dialogar com o homem de hoje, não significa que Deus já não encontra caminhos para falar ao coração de cada pessoa. Que as pessoas abandonem nossas Igrejas, não quer dizer que elas escapem das mãos protetoras de Deus.

Deus é Deus. Nenhuma crise religiosa e nenhuma mediocridade da Igreja poderão "arrebatar de suas mãos" esses filhos e filhas que Ele ama com amor infinito. Deus não abandona ninguém. Tem seus caminhos para guiar e cuidar de cada um de seus filhos, e seus caminhos não são necessariamente os que nós pretendemos traçar-lhe.

Não governar, mas dar vida

A imagem do pastor está carregada de simbolismo religioso na tradição bíblica. O pastor simboliza o chefe que governa e dirige o povo. Sua principal tarefa é vigiar, guiar e proteger o rebanho. Deus é "o pastor de Israel", porque conduz o povo, vela por ele e o protege. Esse é também hoje seu principal significado quando se fala na Igreja dos pastores que "guiam o povo".

Quando os primeiros cristãos falam de Jesus como "Bom Pastor", não o fazem, porém, para apresentá-lo como chefe e comandante de um povo, mas para destacar sua preocupação pela vida das pessoas. Jesus é "Bom Pastor" não porque saiba governar, conduzir e vigiar melhor do que ninguém, mas porque é capaz de "dar sua vida" pelos outros.

Esta Teologia do Bom Pastor resume perfeitamente a atuação de Jesus. Sua primeira preocupação não foi salvaguardar a doutrina, vigiar a moral ou controlar a liturgia, mas empenhar-se pelas pessoas, lutar contra o sofrimento sob todas as suas formas e trabalhar por uma vida mais digna e feliz para todos, chegando "até a dar sua vida" neste empenho. A Igreja tem a responsabilidade de convidar e orientar os crentes para a verdade de Cristo, mas Cristo se dedicava precisamente a suprimir sofrimentos e dar vida. Só a partir daí revelava e anunciava o verdadeiro Deus.

Nestes nossos tempos, em que tanta gente "abandona o rebanho" e se afasta da fé, a melhor maneira de guiar para a "verdade de Cristo" seria ver uma Igreja dedicada de corpo e alma a fazer que as pessoas sejam mais felizes, se sintam menos desamparadas e vivam mais protegidas contra o mal e o sofrimento.

Os próprios cristãos que confessaram Jesus como "pastor", também o apresentaram como "cordeiro" sacrificado pelos outros. É uma boa lembrança para os pastores da comunidade cristã. O trabalho pastoral não se faz por imposição "de cima", mas servindo a partir "de baixo". Não se leva as pessoas a Cristo partindo do poder e do domínio, mas a partir da compaixão e da luta contra o sofrimento e o desamparo.

Amigo e mestre

Os primeiros cristãos plasmaram sua fé em Jesus empregando imagens e títulos válidos para seu mundo de experiência, mas necessitados às vezes de "tradução" para serem vividos pelos homens e mulheres de hoje. É o que acontece com títulos como "Senhor", "Rei" ou "Pastor" que, lidos a partir de uma cultura renitente a tudo que é autoritário, podem não expressar, ou não expressar bem, a experiência original dos primeiros cristãos.

Concretamente, a bela imagem de Jesus como "Bom Pastor" enraizou-se bem nos primeiros séculos do cristianismo (basta lembrar sua presença nas catacumbas romanas), pois sugere o cuidado de Cristo pelos seus, seu serviço e entrega total, sua disponibilidade para dar a vida pelas ovelhas. No entanto, foi perdendo atrativo e força em nossos dias, na medida em que pode evocar o seguimento gregário de Cristo de um "rebanho" de cristãos pouco conscientes e responsáveis.

Na cristologia contemporânea percebe-se hoje um deslocamento para dois títulos, ambos de origem neotestamentária, e que, talvez, respondam melhor à experiência atual: Cristo Amigo e Mestre.

O título de "Amigo" aparece no Evangelho de João e sublinha a relação amistosa e confiante que Jesus estabelece com os crentes: "Já não vos chamo servos, porque o servo não sabe o que faz seu senhor; chamo-vos amigos, porque tudo o que ouvi de meu Pai vos dei a conhecer" (Jo 15,15). Cristo não é só o Senhor que salva, mas o Amigo próximo que compreende e acompanha. A teologia atual sublinha a importância de um Cristo Amigo numa época em que não poucos experimentam a solidão existencial. São vários os cristólogos que chamam a atenção para esta frase que, segundo Mateus, resume a atuação de Jesus: "Não quebrará o caniço rachado, nem apagará o pavio que ainda fumega" (Mt 12,20).

O título de "Mestre" também tem suas raízes na tradição evangélica: "Nem vos façais chamar de mestres, porque um só é vosso mestre, Cristo" (Mt 23,10). Jesus não era só o grande Revelador do Pai, mas o Mestre interior que ensina a viver com sabedoria. Algo que é importante lembrar em tempos de crise de sentido, em que não poucos são vítimas da confusão, do desconcerto e da fragmentação interior.

Não basta confessar-nos cristãos e seguidores de Jesus. É decisivo o tipo de relação que estabelecemos com Ele. Não é o mesmo obedecer a Cristo Legislador que comunicar-nos confiantemente com Jesus Amigo e companheiro de caminho. Não é a mesma coisa aceitar Cristo "Revelador da doutrina cristã" que deixar-nos ensinar dia a dia por Ele.

19
CHORAR E CONFIAR

Naquele tempo, Lázaro ficou doente em Betânia, onde estavam Maria e sua irmã Marta. Maria era aquela que tinha ungido o Senhor com óleo perfumado e lhe tinha enxugado os pés com os cabelos. Seu irmão Lázaro estava enfermo. As irmãs mandaram dizer a Jesus: "Senhor, aquele a quem amas está doente". Quando ouviu isso, Jesus disse: "Esta doença não causará a morte, mas se destina à glória de Deus: por ela o Filho de Deus será glorificado". Ora, Jesus amava Marta, sua irmã Maria e Lázaro. Embora estivesse informado de que Lázaro estava doente, demorou-se ainda dois dias naquele lugar. Depois disse aos discípulos: "Voltemos para a Judeia". Os discípulos disseram: "Mestre, há pouco os judeus te queriam apedrejar e tu voltas para lá?" Jesus respondeu: "Não são doze as horas do dia? Se alguém caminha durante o dia não tropeça porque vê a luz deste mundo; mas se caminha de noite, tropeça porque lhe falta a luz". Depois destas palavras, acrescentou: "Lázaro, nosso amigo, adormeceu, mas eu vou despertá-lo". Senhor, se ele está dormindo é porque vai ficar bom", disseram os discípulos. Jesus se referia à morte, mas eles pensavam que estivesse falando de repouso do sono. Então Jesus lhes disse claramente: "Lázaro morreu. Eu me alegro de não ter estado lá, para que vós assim acrediteis. Mas vamos até ele". Tomé, chamado Dídimo, disse então aos companheiros: "Vamos nós também para morrermos com ele".

Quando Jesus chegou, já fazia quatro dias que Lázaro estava no túmulo. Betânia ficava perto de Jerusalém, a uns três quilômetros. Muitos judeus tinham vindo até Marta e Maria para consolá-las pela morte do irmão.

Quando Marta ouviu que Jesus havia chegado, saiu-lhe ao encontro. Maria ficou sentada em casa. Marta disse a Jesus "Senhor, se tivesses estado aqui, meu irmão não teria morrido. Sei, porém, que tudo quanto pedires a Deus Ele te concederá". Jesus respondeu: "Teu irmão ressuscitará". "Sei que ele ressuscitará na ressurreição do último dia", disse Marta. Jesus lhe falou: "Eu sou a ressurreição e a vida. Quem crê em mim, ainda que esteja morto, viverá. E quem vive e crê em mim jamais morrerá. Crês isto?" Ela respondeu: "Sim, Senhor, creio que és o Messias, o Filho de Deus que devia vir a este mundo".

Dito isto, ela foi chamar sua irmã Maria e lhe disse baixinho: "O Mestre está aí e te chama". Ao ouvir isto, Maria levantou-se imediatamente e foi ao encontro dele. É que Jesus ainda não havia entrado no povoado, mas ficou lá onde Marta o tinha encontrado. Os judeus que estavam em casa com Maria e a consolavam, vendo que ela se tinha levantado e saído às pressas, seguiram-na pensando: "Ela vai ao sepulcro para chorar". Assim que Maria chegou onde Jesus estava, lançou-se aos pés dele e disse: "Senhor, se tivesses estado aqui, meu irmão não teria morrido".

Quando Jesus viu que Maria e todos os judeus que vinham com ela estavam chorando, Jesus se comoveu profundamente. E, emocionado, perguntou: "Onde o pusestes?" Disseram-lhe: "Senhor, vem ver". Jesus começou a chorar. Os judeus comentavam: "Vede como Ele o amava". Alguns, porém, disseram: "Ele, que abriu os olhos do cego de nascença, não podia fazer com que Lázaro não morresse?" Tomado novamente de profunda emoção, Jesus dirigiu-se ao sepulcro. Era uma gruta com uma pedra colocada na entrada. Jesus ordenou: "Tirai a pedra". Marta, irmã do morto, disse: "Senhor, já está cheirando mal, pois já são quatro dias que está aí". Jesus respondeu: "Eu não te disse que, se acreditasses, verias a glória de Deus?" Tiraram então a pedra. Jesus levantou os olhos para o alto e disse: Pai, eu te dou graças porque me atendeste. Eu sei que sempre me atendes, mas digo isto por causa da multidão que me rodeia, para que creiam que Tu me enviaste". Depois dessas palavras, gritou bem forte: "Lázaro, vem para fora!" O morto saiu *com os pés e as mãos atados com faixas e o rosto envolto num sudário. Jesus ordenou: "Desatai-o e deixai-o andar". Muitos judeus que tinham ido visitar Maria e viram o que Jesus tinha feito, acreditaram nele (Jo 11,1-45).*

Nossa esperança

O relato da ressurreição de Lázaro é surpreendente. Por um lado, nunca Jesus nos é apresentado tão humano, frágil e entranhável como neste momento em que morre um de seus melhores amigos. Por outro lado, nunca somos convidados tão diretamente a crer em seu poder salvador: "Eu sou a ressurreição e a vida: quem crê em mim, ainda que esteja morto, viverá... Crês isto?"

Jesus não oculta seu carinho pelos três irmãos de Betânia que, certamente, o acolhem em sua casa sempre que vem a Jerusalém. Um dia Lázaro adoece e suas irmãs mandam um recado a Jesus: nosso irmão, "a quem tanto amas", está enfermo. Quando Jesus chega à aldeia, Lázaro já está sepultado há quatro dias. Ninguém mais poderá devolver-lhe a vida.

A família está quebrada. Quando Jesus se apresenta, Maria começa a chorar. Ninguém pode consolá-la. Ao ver os soluços de sua amiga, Jesus não consegue conter-se e também se põe a chorar. Fica com a alma partida ao sentir a impotência de todos diante da morte. Quem poderá consolar-nos?

Existe em nós um desejo insaciável de vida. Passamos nossos dias e anos lutando por viver. Agarramo-nos à ciência e, sobretudo, à medicina, para prolongar esta vida biológica, mas sempre chega uma última enfermidade da qual ninguém pode curar-nos.

Também não seria bom para nós viver esta vida para sempre. Seria horrível um mundo envelhecido, cheio de velhos, cada vez com menos espaço para os jovens, um mundo no qual não se renovasse a vida. O que desejamos é uma vida diferente, sem dor nem velhice, sem fome nem guerras, uma vida plenamente feliz para todos.

Hoje vivemos numa sociedade que foi descrita pelo sociólogo polonês Zygmunt Bauman como "uma sociedade de incerteza". O ser humano nunca teve tanto poder para avançar para uma vida mais feliz. E, não obstante, talvez nunca se sentiu tão impotente diante de um futuro incerto e ameaçador. Em que podemos esperar?

Como os seres humanos de todos os tempos, também nós vivemos rodeados de trevas. O que é a vida? O que é a morte? Como se há de viver? Como se há de morrer? Antes de ressuscitar Lázaro, Jesus disse a Marta essas palavras que são para todos os seus seguidores um desafio decisivo: "Eu sou a ressurreição e a vida: quem crê em mim, ainda que esteja morto, viverá... Crês isto?"

Apesar de dúvidas e obscuridades, nós cristãos cremos em Jesus, Senhor da vida e da morte. Só nele buscamos luz e força para lutar pela vida e para enfrentar a morte. Só nele encontramos uma esperança de vida mais além da vida.

CHORAR E CONFIAR

Acontece o mesmo com todos nós. Não queremos pensar na morte. É melhor esquecê-la. Não falar disso. Continuar vivendo cada dia como se fôssemos eternos. Já sabemos que isto é um engano, mas não conseguimos viver de outra maneira. Seria insuportável para nós.

Mas, a qualquer momento, a enfermidade vem sacudir-nos da inconsciência. Nos nossos dias é cada vez mais frequente uma experiência antes desconhecida: a espera pelos resultados dos exames médicos. Qual será o diagnóstico? Negativo ou positivo? De repente descobrimos ao mesmo tempo a fragilidade de nossa vida e nosso desejo enorme de viver.

Se o tumor for benigno, um alívio: podemos continuar com nossas ilusões e projetos. Se for maligno, desabamos: por que agora, por que tão depressa, por que tenho que morrer? Sempre é assim. Seja qual for a nossa ideologia, nossa fé ou nossa postura diante da vida, todos teremos que enfrentar esse final inevitável. Diante da morte, sobram as teorias. O que podemos fazer: rebelar-nos, ficar deprimidos ou simplesmente enganar-nos? Diante da morte, Jesus fez duas coisas: chorar e confiar em Deus.

Em Betânia morreu seu amigo Lázaro. Ao ver sua irmã chorar e os que a acompanhavam, Jesus, profundamente comovido, se põe a chorar. As pessoas comentam: "Vede como Ele o amava!" É sua primeira reação: pena, compaixão e pranto. Jesus sofre ao ver a distância enorme que há entre o sofrimento dos seres humanos e a vida que Deus quer para todos eles.

Mas Jesus tem fé no Pai: "Esta enfermidade não acabará em morte". É sua segunda reação: uma confiança total em Deus. Um dia Lázaro morrerá. O próprio Jesus terminará seus dias executado numa cruz. Ninguém escapa da morte. Mas Deus, amigo da vida, é mais forte do que a morte. Temos que confiar nele.

Inevitavelmente, um dia nossas análises médicas nos indicarão que nosso fim está próximo. Será duro. Certamente vamos começar a chorar. Nossos familiares e amigos mais queridos chorarão conosco sua aflição e impotência. Mas, se cremos em Jesus Cristo, poderemos dizer com fé: "Nem sequer esta enfermidade acabará em morte", porque Deus só quer para nós vida, e vida eterna.

Nossos mortos vivem

O adeus definitivo a um ente querido nos mergulha inevitavelmente na dor e na impotência. É como se a vida inteira fosse destruída. Não há palavras nem argumentos que possam consolar-nos. Em que se pode esperar?

O relato de João não tem só por objetivo narrar a ressurreição de Lázaro, mas sobretudo despertar a fé, não para que creiamos na ressurreição como um fato longínquo que ocorrerá no fim do mundo, mas para que "vejamos" desde agora que Deus está infundindo vida nos que nós enterramos.

Jesus chega "soluçando" ao sepulcro de seu amigo Lázaro. O evangelista diz que o sepulcro está "coberto com uma pedra". Essa pedra nos fecha a passagem. Não sabemos nada de nossos amigos mortos. Uma pedra separa o mundo dos vivos e dos mortos. Só nos resta esperar o dia final para ver se acontece algo.

Esta é a fé judaica de Marta: "Sei que meu irmão ressuscitará na ressurreição do último dia". Mas para Jesus isto não basta. "Tirai a pedra!" Vamos ver o que acontece com aquele que sepultastes. Marta pede a Jesus que seja realista. O morto já começou a decompor-se e "cheira mal". Jesus lhe responde: "Se crês, verás a glória de Deus". Se em Marta despertar a fé, ela poderá "ver" que Deus está dando vida a seu irmão.

"Tirai a pedra!" Jesus "levanta os olhos para o alto" convidando todos a elevar o olhar para Deus, antes de penetrar com fé no mistério da morte. Ele parou de soluçar. "Dá graças" ao Pai porque "sempre o escuta". O que Ele quer é que aqueles que o rodeiam "creiam" que Ele é o Enviado pelo Pai para introduzir no mundo uma nova esperança.

Em seguida grita com voz forte: "Lázaro, vem para fora". Jesus quer que ele saia para mostrar a todos que está vivo. A cena é impactante. Lázaro tem "os pés e as mãos atados com faixas" e "o rosto envolto num sudário". Traz os sinais e ataduras da morte. Mesmo assim, "o morto sai" por si mesmo. Está vivo!

Esta é a fé dos que creem em Jesus: os que nós enterramos e abandonamos na morte vivem. Deus não os abandonou. Tiremos a pedra com fé. Nossos mortos estão vivos!

UMA PORTA ABERTA

Estamos muito presos ao "mais aquém" para preocupar-nos com o "mais além". Sujeitos a um ritmo de vida que nos causa aturdimento e escraviza, oprimidos por uma informação asfixiante de notícias e acontecimentos diários, fascinados por mil atrativos que o desenvolvimento técnico põe em nossas mãos, parece que não necessitamos de um horizonte mais amplo que "esta vida" na qual nos movemos e existimos.

Para que pensar em "outra vida"? Não é melhor gastar todas as nossas forças em organizar o melhor possível nossa existência neste mundo? Não deveríamos esforçar-nos ao máximo em viver esta vida de agora e calar-nos a respeito de tudo o mais? Não é melhor aceitar a vida com sua obscuridade e seus enigmas, e deixar "o mais além" como um mistério do qual nada sabemos?

No entanto, o ser humano contemporâneo, como o de todas as épocas, sabe que no fundo de seu ser está sempre latente a pergunta mais séria e difícil de responder: O que vai ser de todos e de cada um de nós? Seja qual for a nossa ideologia ou nossa fé, o verdadeiro problema com o qual todos nós temos que confrontar-nos é o nosso futuro. Que final nos espera?

Peter Berger nos lembrou com profundo realismo que "toda sociedade humana é, em última instância, uma congregação de seres humanos frente à morte". Por isso é precisamente diante da morte que aparece com mais clareza "a verdade" da civilização contemporânea que, curiosamente, não sabe o que fazer com ela, senão ocultá-la e eludir ao máximo seu trágico desafio.

Mais honrada parece a postura de pessoas como Eduardo Chillida que, em alguma ocasião, se expressou nestes termos: "Da morte, a razão me diz que é definitiva. Da razão, a razão me diz que é limitada".

Eis aqui onde devemos situar a postura do crente que sabe enfrentar com realismo e modéstia o fato ineludível da morte, mas que o faz a partir de uma confiança radical em Cristo ressuscitado; Uma confiança que dificilmente pode ser entendida "de fora" e que só pode ser vivida por quem escutou, alguma vez, no fundo de seu ser, as palavras de Jesus: "Eu sou a ressurreição e a vida". Crês isto?

MAIS QUERIDOS DO QUE NUNCA

Geralmente não sabemos como relacionar-nos com os nossos entes queridos que já morreram. Durante um tempo vivemos com o coração desolado, chorando o vazio que deixaram em nossa vida. Depois, pouco a pouco, vai diminuindo a dor da separação e acabamos nos conformando e esquecendo nossos falecidos. Chega um dia em que eles dificilmente significam algo em nossa vida.

Está muito difundida a ideia de que os defuntos são seres etéreos, despersonalizados, com uma identidade vaga e difusa, isolados em seu mundo misterioso, alheios ao nosso carinho. Às vezes se diria que pensamos como os antigos judeus, quando falavam da existência dos mortos no *sheol*, separados do Deus da vida.

Mas, para um cristão, morrer não é perder-se no vazio, longe do Criador. É precisamente entrar na salvação de Deus, compartilhar sua vida eterna, viver transformados por seu amor insondável. Nossos defuntos não estão mortos. Vivem a plenitude de Deus que preenche tudo, que tudo encerra.

Quando nossos entes queridos morreram, ficamos privados de sua presença física, mas ao viver atualmente em Deus, penetraram de forma mais real em nossa vida. Não podemos desfrutar de seu olhar, nem escutar sua voz, nem sentir seu abraço. Mas podemos viver sabendo que nos amam mais do que nunca, pois nos amam a partir de Deus.

A vida deles é incomparavelmente mais intensa do que a nossa. Sua alegria não tem fim. Sua capacidade de amar não conhece limites nem fronteiras. Não vivem separados de nós, mas muito mais dentro de nosso ser do que nunca. Sua presença transfigurada e seu carinho nos acompanham sempre.

Não é uma ficção piedosa viver uma relação pessoal com nossos entes queridos que já vivem em Deus. Podemos caminhar envoltos por sua presença, sentir-nos acompanhados por seu amor, gozar com sua felicidade, contar com seu carinho e apoio; podemos inclusive comunicar-nos com eles em silêncio ou com palavras, nessa linguagem, nem sempre fácil, mas profunda e entranhável, que é a linguagem da fé.

Nossos falecidos já não vivem entre nós, mas não os perdemos. Não desapareceram no nada. Podemos amá-los mais do que nunca, pois vivem em Deus. É Jesus que sustenta nossa fé: "Eu sou a ressurreição e a vida: quem crê em mim, ainda que esteja morto, viverá". Um dia, todos juntos ressuscitaremos com Cristo para sempre.

20
ATRAÍDOS POR JESUS

Naquele tempo, entre os que tinham subido para adorar no dia da festa havia alguns gregos. Eles se aproximaram de Filipe, que era de Betsaida da Galileia, e pediram: "Senhor, queremos ver Jesus". Filipe disse isto a André. Então André e Filipe foram dizer isso a Jesus e Ele lhes respondeu: "É chegada a hora em que o Filho do homem será glorificado. Na verdade eu vos digo: se o grão de trigo não cair na terra e não morrer, permanecerá infecundo; mas se morrer, produzirá muito fruto. Quem ama sua vida vai perdê-la; mas quem não se apega à vida neste mundo vai guardá-la para a vida eterna. Se alguém quiser me servir, siga-me. Onde eu estiver, estará também quem me serve. Se alguém me servir, o Pai o honrará.

Agora minha alma está perturbada. Mas o que direi? Pai, livra-me desta hora? Mas é exatamente para isso que vim, para esta hora. Pai, glorifica o teu nome". Veio então uma voz do céu: "Já o glorifiquei e tornarei a glorificá-lo". A multidão que ali se encontrava e tinha ouvido isto, dizia: "Trovejou". Outros diziam: "Um anjo falou com Ele".

Jesus disse então: "Não é para mim que esta voz se fez ouvir, mas para vós. Agora é o julgamento deste mundo. Agora o príncipe deste mundo será lançado fora. E quando eu for levantado da terra, atrairei todos a mim" (Jo 12,20-33).

ATRAÍDOS POR JESUS
Alguns peregrinos gregos que tinham vindo celebrar a Páscoa dos judeus aproximaram-se de Filipe com um pedido: "Queremos ver Jesus". Não é

curiosidade, mas um desejo profundo de conhecer o mistério que se encerra naquele homem de Deus. Também a eles pode fazer-lhes bem. Pode-se ver que Jesus está preocupado. Dentro de uns dias será crucificado. Quando lhe comunicam o desejo dos peregrinos gregos, Ele pronuncia palavras desconcertantes. "Chegou a hora do Filho do homem ser glorificado". Quando Ele for crucificado, todos poderão ver claramente onde está sua verdadeira grandeza e sua glória.

Provavelmente ninguém entendeu nada. Mas Jesus, pensando na forma de morte que o espera, insiste: "Quando eu for levantado da terra, atrairei todos a mim". O que se esconde no Crucificado para que tenha esse poder de atração? Só uma coisa: seu amor incrível a todos.

O amor é invisível. Só podemos captá-lo nos gestos, nos sinais e na entrega de quem nos quer bem. Por isso, em Jesus crucificado, em sua vida entregue até a morte, podemos perceber o amor insondável de Deus. Na realidade, só começamos a ser cristãos quando nos sentimos atraídos por Jesus. Só começamos a entender algo da fé quando nos sentimos amados por Deus.

Para explicar a força que se encerra em sua morte na cruz, Jesus usa uma imagem simples que todos podem entender. "Se o grão de trigo não cair na terra e não morrer, ficará só; mas se morrer, produzirá muito fruto". Se o grão morre, Ele faz germinar e brotar a vida, mas se Ele se encerra em seu pequeno envoltório e guarda para si sua energia vital, permanece estéril.

Esta bela imagem nos faz descobrir uma lei que atravessa misteriosamente a vida inteira. Não é uma norma moral. Não é uma lei imposta pela religião. É a dinâmica que torna fecunda a vida de quem sofre movido pelo amor. É uma ideia repetida por Jesus em diversas ocasiões: quem se agarra egoisticamente à sua vida a põe a perder. Quem sabe entregá-la com generosidade gera mais vida.

Não é difícil comprová-lo. Quem vive exclusivamente para seu bem-estar, seu dinheiro, seu êxito ou sua segurança, acaba vivendo uma vida medíocre e estéril. Sua passagem por este mundo não faz a vida mais humana. Quem se arrisca a viver em atitude aberta e generosa, difunde vida, irradia alegria, ajuda a viver. Não há uma maneira mais apaixonante de viver que fazer a vida dos outros mais humana e mais suportável. Como podemos seguir a Jesus se não nos sentimos atraídos por seu modo de viver e de morrer?

ATRAÍDOS PELO CRUCIFICADO

Um grupo de "gregos", provavelmente pagãos, aproxima-se dos discípulos com um pedido admirável: "Queremos ver Jesus". Quando os discípulos o comunicam a Jesus, Ele responde com um discurso vibrante no qual resume o sentido profundo de sua vida. Chegou a hora. Todos, judeus e gregos, poderão captar imediatamente o mistério que se encerra em sua vida e em sua morte: "Quando eu for levantado da terra, atrairei todos a mim".

Quando Jesus for levantado da terra e aparecer crucificado no Gólgota, todos poderão conhecer o amor insondável de Deus, e se dar conta de que Deus é amor e só amor a todo ser humano. Sentir-se-ão atraídos pelo Crucificado. Nele descobrirão a manifestação suprema do Mistério de Deus.

Para isto é preciso, sem dúvida, algo mais do que ter ouvido falar da doutrina da redenção. Algo mais do que assistir a algum ato religioso da Semana Santa. Temos que centrar nosso olhar interior em Jesus e deixar-nos comover, ao descobrir nessa crucifixão o gesto final de uma vida entregue dia a dia por um mundo mais humano para todos. Um mundo que encontre sua salvação em Deus.

Mas provavelmente só começamos a conhecer Jesus de verdade quando, atraídos por sua entrega total ao Pai e sua paixão por uma vida mais feliz para todos os seus filhos e filhas, escutamos – ainda que quase imperceptivelmente – seu chamado: "Quem quiser servir-me que me siga, e onde eu estiver, ali estará também meu servidor".

Tudo parte de um desejo de "servir" a Jesus, de colaborar em sua tarefa, de viver só para seu projeto, de seguir seus passos para manifestar, de múltiplas maneiras e com gestos quase sempre pobres, como Deus nos ama a todos nós. Então começamos a converter-nos em seus seguidores. Isto significa compartilhar sua vida e seu destino: "Onde eu estiver, ali estará também meu servidor". Ser cristão é isto: estar onde estava Jesus, ocupar-nos com o que Ele se ocupava, ter as metas que Ele tinha, estar na cruz como Ele esteve, estar um dia à direita do Pai, onde Ele está. Como seria uma Igreja "atraída" pelo Crucificado, impulsionada pelo desejo de "servir" só a Ele e ocupada nas coisas em que Ele se ocupava? Como seria uma Igreja que atraísse as pessoas para Jesus?

UMA LEI PARADOXAL

Encontramos no Evangelho poucas frases tão desafiantes como estas palavras que resumem uma convicção bem própria de Jesus: "Na verdade eu vos digo: se o grão de trigo não cair na terra e não morrer, permanecerá infecundo; mas se morrer, produzirá muito fruto".

A ideia de Jesus é clara. Com a vida acontece o mesmo que acontece com o grão de trigo, que deve morrer para libertar toda sua energia e produzir fruto. Se "não morrer" permanecerá estéril. Ao contrário, se "morrer" torna a germinar trazendo consigo novos grãos e nova vida.

Com esta linguagem tão clara e cheia de força, Jesus deixa entrever que sua morte, longe de ser um fracasso, será precisamente o que dará fecundidade à sua vida. Mas, ao mesmo tempo, convida seus seguidores a viver segundo esta mesma lei paradoxal: para dar vida é necessário "morrer".

Não se pode gerar vida sem dar a própria vida. Não é possível ajudar a viver, se a pessoa não está disposta a "desviver" pelos outros. Ninguém contribui para um mundo mais justo e humano vivendo apegado a seu próprio bem-estar. Ninguém trabalha seriamente pelo reino de Deus e sua justiça, se não está disposto a assumir os riscos e rejeições, a conflitividade e a perseguição que Jesus sofreu.

Passamos a vida tentando evitar sofrimentos e problemas. A cultura do bem-estar nos empurra para organizar-nos da maneira mais cômoda e prazerosa possível. É este o ideal supremo. Mas há sofrimentos e renúncias que precisamos assumir, se quisermos que nossa vida seja fecunda e criativa. O hedonismo não é uma força mobilizadora; a obsessão pelo próprio bem-estar empequenece as pessoas.

Estamos nos acostumando a viver fechando os olhos ao sofrimento dos outros. Parece que isto é o mais inteligente e sensato para sermos felizes. É um erro. Conseguiremos certamente evitar alguns problemas e dissabores, mas nosso bem-estar será cada vez mais vazio e estéril, nossa religião cada vez mais triste e egoísta. Neste ínterim, os oprimidos e aflitos querem saber se sua dor importa a alguém.

NÃO SE AMA IMPUNEMENTE

Poucas frases são tão provocativas como as que ouvimos hoje no Evangelho: "Se o grão de trigo não cair na terra e não morrer, permanecerá infecundo; mas se morrer, produzirá muito fruto". O pensamento de Jesus é claro. Não se pode gerar vida sem dar a própria. Não se pode fazer viver os outros, se nós mesmos não estamos dispostos a "desviver" pelos outros. A vida é fruto do amor e brota na medida em que sabemos entregar-nos.

No cristianismo nem sempre se distinguiu com clareza o sofrimento que está em nossas mãos suprimir e o sofrimento que não podemos eliminar. Há um sofrimento inevitável, reflexo de nossa condição de criaturas, e que nos faz ver a distância que ainda existe entre o que somos e o que somos chamados a ser. Mas há também um sofrimento que é fruto dos nossos egoísmos e injustiças, um sofrimento com o qual as pessoas se ferem mutuamente.

É natural que nos afastemos da dor, que busquemos evitá-la sempre que seja possível, que lutemos para suprimi-la de nós. Mas precisamente por isso há um sofrimento que é necessário assumir na vida: o sofrimento aceito como preço de nosso esforço para fazê-lo desaparecer de nossos semelhantes. "A dor só é boa se leva adiante o processo de sua supressão" (Dorothee Sölle).

É claro que na vida poderíamos evitar muitos sofrimentos, amarguras e dissabores. Bastaria fechar os olhos diante dos sofrimentos alheios e encerrar-nos na busca egoísta de nossa felicidade. Mas isto sempre seria a um preço alto demais: deixando simplesmente de amar.

Quando alguém ama e vive intensamente a vida, não pode viver indiferente ao sofrimento grande ou pequeno das pessoas. Quem ama se torna vulnerável. Amar os outros inclui sofrimento, "compaixão", solidariedade na dor. "Não existe nenhum sofrimento que possa ser-nos alheio" (K. Simonow). Esta solidariedade dolorosa faz surgir salvação e libertação para o ser humano. É o que descobrimos no Crucificado: salva quem compartilha a dor e se solidariza com o que sofre.

Diante da enfermidade

Nossos ouvidos não estão habituados a ouvir palavras como estas de Jesus: "Se o grão de trigo não cair na terra e não morrer, permanecerá infecundo; mas se morrer produzirá muito fruto". Nós pensamos que é só a saúde, a força, o trabalho, isto é, o que nos sai bem, que pode construir positivamente nossa vida. O que podem trazer de bom e positivo à nossa vida a enfermidade, o sofrimento, a desgraça ou o fracasso?

Pensemos, por exemplo, nessa experiência dolorosa da doença que todos podemos sofrer, cedo ou tarde, em nossa própria carne. A enfermidade se nos apresenta como algo totalmente mau e negativo, uma fatalidade absurda e injusta que lança por terra todos os nossos projetos.

Não obstante, os próprios cientistas nos advertem de que a enfermidade nem sempre é algo danoso. Também pode ser a reação sábia do organismo que emite um sinal de alarme para que a pessoa se cure de feridas e conflitos profundos, reorientando sua vida de maneira mais sadia.

Seja como for, a enfermidade pode ser uma experiência de crescimento e renovação, se o enfermo conseguir vivê-la de maneira positiva. Eis a seguir algumas sugestões.

A doença grave abala nossa segurança. Vivíamos tranquilos e sem problemas, e de repente nos vemos obrigados a deixar o trabalho, parar nossa vida e permanecer no leito. Então chegam as perguntas: Por que acontece isto justamente comigo? Será que vou curar-me? Poderei voltar de novo à minha vida de sempre? Ao adoecer, comprovamos que nossa vida é frágil e está sempre ameaçada. Se estamos atentos, vamos ouvir que a enfermidade nos convida a apoiar-nos em algo ou alguém mais forte e seguro que nós.

Ao mesmo tempo, nessas longas horas de silêncio e dor, o enfermo começa a reviver lembranças prazerosas e experiências negativas, desejos insatisfeitos, erros e pecados. E surgem de novo as perguntas: Isto foi tudo? Para que vivi até agora? Que sentido tem viver assim? É o momento de reconciliar-se consigo mesmo e com Deus, confessar os erros do passado e acolher em nós a paz e o perdão.

Mas, além disso, a enfermidade nos ajuda a abrir os olhos e ver com mais lucidez o futuro. Ao caírem tantas falsas ilusões, o doente começa a descobrir o que é verdadeiramente importante na vida, o que não quisera perder nunca: o amor às pessoas, a liberdade, a paz do coração, a esperança. É o momento de reorientar nossa vida de maneira mais humana. Intuímos o que será melhor para nós.

Passarão os dias e as noites. O organismo vai curar-se ou, talvez, cairá num processo incurável. Mas, seguindo a Cristo, muitas pessoas poderão descobrir que o grão que morre dá fruto. O sofrimento purifica e a enfermidade pode levar a uma vida mais saudável.

21
NOSSA IDENTIDADE

Assim que Judas saiu do cenáculo, Jesus disse: "Agora o Filho do homem foi glorificado e Deus é glorificado nele. Se Deus é glorificado nele, também Deus o glorificará em si mesmo e o glorificará em breve. Filhinhos, só por pouco tempo ainda estarei convosco... Eu vos dou um novo mandamento: que vos ameis uns aos outros. Assim como eu vos amei, amai-vos também uns aos outros. Todos saberão que sois meus discípulos, se vos amardes uns aos outros" (Jo 13,31-33a.34-35).

UM MODO DE AMAR

Os cristãos iniciaram sua expansão numa sociedade em que havia diferentes termos para expressar o que nós chamamos hoje amor. A palavra mais usada era *filia*, que designava o afeto para com uma pessoa próxima e era empregada para falar da amizade, do carinho ou do amor aos parentes e amigos. Também se falava de *eros* para designar a inclinação prazenteira, o amor apaixonado ou simplesmente o desejo orientado para quem nos faz sentir alegria e satisfação.

Os primeiros cristãos abandonaram praticamente esta terminologia e puseram em circulação outra palavra quase desconhecida, *ágape*, atribuindo-lhe um conteúdo novo e original. Não queriam que o amor inspirado em Jesus se confundisse com qualquer outra coisa. Daí seu interesse em formular exatamente o "mandamento do amor": Dou-vos um novo mandamento: que vos ameis uns aos outros como eu vos amei".

O modo de amar de Jesus é inconfundível. Ele não se aproxima das pessoas buscando seu próprio interesse ou satisfação, sua segurança ou bem-estar. Só pensa em fazer o bem, acolher, dar o melhor que tem, oferecer amizade, ajudar a viver. Assim Ele será lembrado anos mais tarde nas primeiras comunidades cristãs: "Passou toda sua vida fazendo o bem". Por isso seu amor tem um caráter servical. Jesus se coloca a serviço dos que são mais necessitados. Dá lugar em seu coração e em sua vida aos que não têm lugar na sociedade nem na preocupação das pessoas. Defende os fracos e pequenos, os que não têm poder para defender-se a si mesmos, os que não são grandes nem importantes. Aproxima-se daqueles que estão sós e desvalidos, os que não conhecem o amor ou a amizade de ninguém.

É comum entre nós amar aqueles que nos apreciam e amam de verdade, ser carinhosos e atentos com nossos familiares e amigos, para depois viver indiferentes com os que sentimos como estranhos e alheios ao nosso pequeno mundo de interesses. No entanto, o que distingue o seguidor de Jesus não é qualquer "amor", mas precisamente esse modo de amar que consiste em aproximar-nos daqueles que podem precisar de nós. Não deveríamos esquecer isto.

Não perder a identidade

Jesus está se despedindo de seus discípulos. Dentro de bem pouco tempo não o terão mais. Jesus lhes fala com ternura especial: "Filhinhos, só por pouco tempo ainda estarei convosco". A comunidade é pequena e frágil. Acaba de nascer. Os discípulos são como crianças pequenas. O que será deles se ficarão sem o Mestre?

Jesus lhes faz um brinde: "Eu vos dou um novo mandamento: que vos ameis uns aos outros como eu vos amei". Se eles se amarem mutuamente com o amor com que Jesus os amou, não deixarão de senti-lo vivo no meio deles. O amor que receberam de Jesus continuará difundindo-se entre os seus.

Por isso Jesus acrescenta: "O sinal pelo qual todos conhecerão que sois meus discípulos será este: que vos ameis uns aos outros". O que permitirá descobrir que uma comunidade que se diz cristã é realmente de Jesus não será a confissão de uma doutrina, a observância de uns ritos ou o cumprimento de uma disciplina, mas o amor vivido com o espírito de Jesus. É nesse amor que está sua identidade.

Vivemos numa sociedade onde se foi impondo a "cultura do intercâmbio". As pessoas intercambiam entre si objetos, serviços e empréstimos. Frequentemente até sentimentos, afetos e amizade. Erich Fromm chegou a dizer que "o amor é um fenômeno marginal na sociedade contemporânea". A pessoa capaz de amar é uma exceção.

Pode ser que esta análise seja excessivamente pessimista, mas é certo que, para viver hoje o amor cristão, é necessário resistir à atmosfera que envolve a sociedade atual. Não é possível viver um amor inspirado por Jesus sem distanciar-nos do tipo de relações e intercâmbios interessados que predomina com frequência entre nós.

Se a Igreja "está se diluindo" no meio da sociedade contemporânea, não é só pela crise profunda das instituições religiosas. No caso do cristianismo é também porque muitas vezes não é fácil ver em nossas comunidades discípulos e discípulas de Jesus que se distingam por sua capacidade de amar como Ele amava. Falta-nos o distintivo cristão.

Nós cristãos falamos muito do amor. No entanto, nem sempre acertamos dar-lhe seu verdadeiro conteúdo a partir do espírito e das atitudes concretas de Jesus. Falta-nos aprender que Ele viveu o amor como um comportamento ativo e criador que o levava a lutar contra tudo que desumaniza o ser humano e o faz sofrer.

Comunidade de amizade

Jesus compartilha com seus discípulos os últimos momentos antes de voltar ao mistério do Pai. O relato de João recolhe cuidadosamente seu testamento: o que Jesus quer deixar gravado para sempre em seus corações: "Eu vos dou um novo mandamento: que vos ameis uns aos outros como eu vos amei".

O evangelista João tem sua atenção voltada para a comunidade cristã. Não está pensando nos de fora. Quando Jesus faltar, em sua comunidade terão que amar-se como "amigos", porque assim quis Jesus: "Vós sois meus amigos"; "já não vos chamo servos, mas chamei-vos amigos". A comunidade de Jesus será uma comunidade de amizade.

Esta imagem da comunidade cristã como "comunidade de amigos" bem depressa foi esquecida. Durante muitos séculos, os cristãos se viram a si mesmos como uma "família" onde alguns são "pais" (o papa, os bispos, os sacerdotes, os abades...); outros são "filhos" (os fiéis), e todos hão de viver como "irmãos". Entender assim a comunidade cristã estimula a fraternidade, mas tem seus riscos. Na "família cristã" tende-se a sublinhar o lugar que corresponde a cada um. Destaca-se o que nos diferencia, não o que nos une; dá-se muita importância à autoridade, à ordem, à unidade, à subordinação. E se corre o risco de promover a dependência, o infantilismo e a irresponsabilidade de muitos.

Uma comunidade baseada na "amizade cristã" enriqueceria e transformaria hoje a Igreja de Jesus. A amizade promove o que nos une, não o que nos diferencia. Entre amigos se cultiva a igualdade, a reciprocidade e o apoio mútuo. Ninguém está acima de ninguém. Nenhum amigo é superior a outro. Respeitam-se as diferenças, mas se cuida da proximidade e da relação.

Entre amigos é mais fácil sentir-se responsável e colaborar. E não é difícil estar abertos aos estranhos e diferentes, aos que necessitam de acolhida e amizade. De uma comunidade de amigos é difícil sair. De uma comunidade fria, rotineira e indiferente, a gente vai embora, e os que ficam dificilmente sentem a nossa falta.

O CAMINHO UNIVERSAL PARA DEUS

Há alguns anos, o prestigioso teólogo francês Joseph Moingt, numa de suas obras mais conhecidas, fazia esta afirmação central: "A grande revolução religiosa levada a cabo por Jesus consiste em ter aberto aos seres humanos outra via de acesso a Deus, diferente da via do sagrado, a via profana da relação com o próximo, a relação vivida como serviço ao próximo". Esta mensagem substancial do cristianismo fica explicitamente confirmada na revolucionária parábola do juízo final. O relato evangélico é assombroso. São declarados "benditos do Pai" os que fizeram o bem aos necessitados: famintos, estrangeiros desnudos, encarcerados, enfermos; não atuaram assim por razões religiosas, mas por compaixão e solidariedade com os que sofrem. Os outros são declarados "malditos", não por sua incredulidade ou falta de religião, mas por sua falta de coração diante do sofrimento do outro.

Em geral não costumamos captar a mudança radical que isto introduz na história da religião. Pode-se formular desta maneira: a salvação não consiste em buscar através da religião um Deus salvador, mas em preocupar-nos com aqueles que padecem necessidade. O que salva é o amor ao que sofre. A religião não é requerida como algo indispensável e não poderá nunca suprir a falta deste amor.

Continuamos pensando que o caminho obrigatório que conduz a Deus e leva à salvação passa necessariamente pelo templo e pela religião. Não é assim. O cristianismo afirma que o único caminho indispensável e decisivo para a salvação é o que leva a ajudar ao necessitado. Esta é a grande revolução introduzida por Jesus: Deus é amor gratuito, e só se encontra com Ele quem, de fato, se abre à necessidade do irmão.

Nestes tempos de crise religiosa em que muitos vivem uma fé vacilante e sem caminhos claros para Deus, esta é a Boa Notícia que nos chega de Cristo. Pode-se duvidar de muitas coisas, mas não desta: há um caminho que sempre conduz a Deus, e este caminho é o amor ao necessitado. As religiões já não detêm o monopólio da salvação. Só o amor salva. Este é o caminho universal, a "via profana", acessível a todos. Por Ele nós, crentes e não crentes, peregrinamos para o Deus verdadeiro.

A partir daí vamos entender o mandamento de Jesus: "Eu vos dou um novo mandamento: que vos ameis uns aos outros como eu vos amei. Todos saberão que sois meus discípulos por este sinal: se vos amardes uns aos outros".

Mais do que um dever

A vida do ser humano tem sua origem e seu término no mistério de um Deus que é amor infinito e insondável. Por isso, quer o reconheçamos ou não, a força vital que circula através de cada um de nós provém do amor e busca seu desenvolvimento e plenitude no amor.

Isto significa que o amor é muito mais do que um dever que temos de cumprir ou uma tarefa moral que devemos propor-nos. O amor é a própria vida, vivida de maneira sadia. Só quem está na vida a partir de uma postura de amor, está orientando sua existência na direção certa.

Nós cristãos falamos muito das exigências e sacrifícios que o amor pressupõe, e, sem dúvida, é absolutamente necessário fazê-lo, se não quisermos cair em falsos idealismos. Mas nem sempre lembramos os efeitos positivos do amor como força básica que pode dinamizar e unificar nossa vida de maneira salutar.

Na medida em que conseguimos viver amando a vida, amando-nos a nós mesmos e amando as pessoas, nossa vida cresce, ela se desdobra e vai se libertando do egoísmo, da indiferença e de tantas servidões que podem afogá-la.

Além disso, o amor estimula o melhor que há na pessoa. O amor desperta a mente dando-lhe maior clareza de pensamento. Faz crescer a vida interior. Desenvolve a criatividade e faz viver o cotidiano, não de maneira mecânica e rotineira, mas a partir de uma atitude positiva e enriquecedora.

Precisamente porque faz o ser humano enraizar-se em seu verdadeiro ser, o amor dá cor à vida, alegria, sentido interno. Quando falta o amor a pessoa pode conhecer o êxito, o prazer, a satisfação do trabalho bem-feito, mas não a alegria e o sabor que só o amor pode trazer.

Não devemos esquecer que o amor satisfaz a necessidade mais essencial da pessoa. Ela pode organizar sua própria vida como quiser, mas se não amar e não for amada, sua vida será um fracasso. Viver a partir do egoísmo, do desamor, da indiferença ou da insolidariedade é esvaziar a própria vida de seu verdadeiro conteúdo.

Nós crentes sabemos que o amor é o mandamento cristão por excelência e o verdadeiro distintivo dos seguidores de Jesus: "O sinal pelo qual todos conhecerão que sois meus discípulos será este: que vos ameis uns aos outros". Mas não devemos esquecer que este amor não é uma carga pesada que nos é imposta para tornar nossa vida mais difícil ainda, mas precisamente a experiência que pode trazer à nossa vida maior prazer e libertação.

22

JESUS É O CAMINHO

Naquele tempo disse Jesus a seus discípulos: "Não se perturbe o vosso coração. Credes em Deus, crede também em mim. Na casa de meu Pai há muitas moradas. Se não fosse assim, eu vos teria dito, pois eu vou preparar-vos um lugar. Quando eu tiver ido e tiver preparado um lugar para vós, voltarei novamente e vos levarei comigo para que, onde eu estiver, estejais também vós. E vós conhecereis o caminho para onde vou".

Tomé disse-lhe: "Senhor, não sabemos para onde vais, como podemos conhecer o caminho?" Jesus respondeu: "Eu sou o Caminho, a Verdade e a Vida. Ninguém vem ao Pai, senão por mim. Se me conhecêsseis, conheceríeis também o meu Pai. Desde agora o conheceis e o tendes visto". Filipe disse-lhe: "Senhor, mostra-nos o Pai e isto nos basta". Jesus lhe disse: "Filipe, há tanto tempo estou convosco e não me conheceis? Quem me viu, viu o Pai. Como podes dizer: mostra-nos o Pai? Não crês que eu estou no Pai e o Pai está em mim? As palavras que vos digo, não as digo por mim mesmo. O Pai que habita em mim é que realiza suas obras. Crede em mim: eu estou no Pai e o Pai em mim. Crede ao menos por causa dessas obras. Na verdade eu vos digo: quem crê em mim fará também as obras que eu faço. E fará maiores ainda do que essas, porque eu vou para o Pai (Jo 14,1-12).

NÃO DEVEIS FICAR SEM JESUS

No fim da última ceia, Jesus começa a despedir-se dos seus: já não estará por muito tempo com eles. Os discípulos ficam desconcertados e são pegos de surpresa. Ainda que não lhes fale claramente, todos intuem que em pouco tempo a morte lhes arrebatará Jesus. O que será deles sem Ele? Jesus os vê abatidos. É o momento de reafirmá-los na fé, ensinando-os a crer em Deus de maneira diferente: "Que não se perturbe o vosso coração. Crede em Deus e crede também em mim". Devem continuar confiando em Deus, mas daí em diante devem crer também nele, pois Ele é o melhor caminho para crer em Deus.

Depois Jesus lhes descobre um horizonte novo. Sua morte não há de fazer naufragar sua fé. Na verdade, deixa-os para encaminhar-se para o mistério do Pai. Mas não os esquecerá. Continuará pensando neles. Vai preparar-lhes um lugar na casa do Pai e um dia voltará para levá-los consigo. Por fim estarão de novo juntos para sempre!

É muito difícil para os discípulos crer em algo tão grandioso. Em seu coração despertam dúvidas e interrogações de todo tipo. Também a nós acontece algo parecido. Será que tudo isto não passa de um belo sonho? Não é uma ilusão enganosa? Quem pode garantir-nos um destino como este? Tomé, com seu senso realista de sempre, só lhe faz uma pergunta: Como podemos conhecer o caminho que conduz ao mistério de Deus?

A resposta de Jesus é um desafio inesperado: "Eu sou o Caminho, a Verdade e a Vida". Não se conhece na história das religiões uma afirmação tão audaciosa: Jesus se oferece como o caminho que podemos percorrer para entrar no mistério de um Deus Pai. Ele pode desvendar-nos o segredo último da vida. Ele pode comunicar-nos a vida plena pela qual tanto anseia o coração humano.

São muitos hoje os homens e mulheres que ficaram sem caminhos para Deus. Não são ateus. Nunca recusaram a Deus de maneira consciente. Nem eles mesmos sabem se creem ou não. Talvez tenham abandonado a Igreja porque não encontraram nela um caminho atrativo para buscar com alegria o mistério último da vida que nós crentes chamamos "Deus".

Ao abandonar a Igreja, alguns abandonaram ao mesmo tempo Jesus. Com estas modestas linhas, quero dizer-lhes algo que muitos vão entender. Jesus é maior do que a Igreja. Não deveis confundir Cristo com os cristãos. Nem confundir o Evangelho com nossos sermões. Ainda que abandoneis tudo, não deveis ficar sem Jesus. Nele encontrareis o caminho, a verdade e a vida que nós não soubemos mostrar-vos. Jesus pode surpreender-vos.

SABEMOS O CAMINHO

Só tinham convivido com Ele dois anos e uns meses, mas ao lado dele aprenderam a viver com confiança. Agora, ao separar-se, Jesus quer deixar bem gravado em seus corações: "Não se perturbe o vosso coração. Credes em Deus. Crede também em mim". É seu grande desejo.

Jesus começa então a dizer-lhes palavras que jamais foram pronunciadas assim na terra por ninguém: "Vou preparar-vos um lugar na casa de meu Pai". A morte não vai destruir nossos laços de amor. Um dia estaremos de novo juntos. "E para onde eu vou, já sabeis o caminho".

Os discípulos o escutam desconcertados. Como não vão ter medo? Se até Jesus, que havia despertado neles tanta confiança, vai ser-lhes arrebatado em seguida, de maneira injusta e cruel. Afinal, em quem podemos pôr nossa esperança última?

Tomé intervém com realismo: "Senhor, não sabemos para onde vais. Como podemos saber o caminho?" Jesus contesta sem duvidar: "Eu sou o Caminho que leva ao Pai". O Caminho que conduz desde agora a experimentar Deus como Pai. Os outros não são caminhos, são evasões que nos afastam da verdade e da vida. Isto é o fundamental: seguir os passos de Jesus até chegar ao Pai.

Filipe percebe que Jesus não está falando de qualquer experiência religiosa. Não basta confessar um Deus poderoso demais para sentir sua bondade, grande demais e longínquo para experimentar sua misericórdia. O que Jesus quer infundir-lhes é diferente. Por isso Filipe pede: "Senhor, mostra-nos o Pai e isto nos basta".

A resposta de Jesus é inesperada e grandiosa: "Quem me viu, viu o Pai". A vida de Jesus, sua bondade, sua liberdade para fazer o bem, seu perdão, seu amor aos últimos... tornam visível e digno de fé o Pai. A vida de Jesus também nos revela que no mais profundo da realidade há um mistério último de bondade e de amor. Ele o chama "Pai".

Nós cristãos vivemos destas palavras de Jesus: "Não se perturbe o vosso coração, não tenhais medo, porque eu vou preparar-vos um lugar na casa de meu Pai". "Quem me vê, está vendo o Pai". Sempre que nos atrevemos a viver algo da bondade, da liberdade, da compaixão... que Jesus veio trazer a este mundo, estamos fazendo mais crível um Deus Pai, último fundamento de nossa esperança.

O QUE É O CRISTIANISMO?

Os cristãos da primeira e da segunda geração nunca pensaram que com eles estava nascendo uma religião. De fato, não sabiam com que nome designar aquele movimento que ia crescendo de maneira insuspeitável. Eles viviam ainda sob o impacto da lembrança de Jesus que sentiam vivo no meio deles.

Por isso, os grupos que se reuniam em cidades como Corinto ou Éfeso, começaram a chamar-se "igrejas", isto é, comunidades que vão se formando convocadas por uma mesma fé em Jesus. Em outros lugares, o cristianismo era chamado "o caminho". Um escrito redigido por volta do ano 80, que se chama Carta aos Hebreus, diz que é um "caminho novo e vivo" para enfrentar a vida. É o caminho "inaugurado" por Jesus e que deve ser percorrido "com os olhos fixos nele".

Não há nenhuma dúvida de que, para estes primeiros crentes, o cristianismo não era propriamente uma religião, mas uma nova forma de viver. O principal para eles não era viver dentro de uma instituição religiosa, mas aprender juntos a viver como Jesus no meio daquele vasto império. Nisto estava sua força. Era isso que podiam oferecer a todos.

Neste clima é fácil entender bem as palavras que o quarto Evangelho põe nos lábios de Jesus: "Eu sou o Caminho, a Verdade e a Vida". Este é o ponto de partida do cristianismo. Cristão é um homem ou uma mulher que, em Jesus, vai descobrindo o caminho mais acertado para viver, a verdade mais segura para orientar-se, o segredo mais esperançoso da vida.

Este caminho é bem concreto. Não adianta sentir-se conservador ou declarar-se progressista. A opção que devemos fazer é outra. Ou organizamos nossa vida à nossa maneira, ou aprendemos a viver a partir de Jesus. Temos que escolher.

Indiferença para com os que sofrem, ou compaixão sob todas as suas formas. Bem-estar só para mim e os meus, ou um mundo mais humano para todos. Intolerância e exclusão dos que são diferentes, ou atitude aberta e acolhedora para todos. Esquecimento de Deus, ou comunicação confiante no Pai de todos. Fatalismo e resignação, ou esperança última para toda a criação.

SEGUIR O CAMINHO DE JESUS

Os catecismos costumam falar de alguns "traços" ou atributos que caracterizam a verdadeira Igreja de Cristo. Como confessamos no credo, a Igreja de Cristo é "una, santa, católica e apostólica". Não poderíamos, certamente, reconhecê-la numa Igreja de comunidades que se defrontam, em que predomina a injustiça, que excluem os outros ou abandonam a fé inicial pregada pelos apóstolos.

Mas há algo que é condição prévia e não podemos esquecer: Uma Igreja verdadeira é, antes de tudo, uma Igreja que "se parece" com Jesus. Se ela não tem algum traço parecido com Ele, nessa mesma medida estamos deixando de ser sua Igreja, por mais que continuemos repetindo que pertencemos a uma Igreja santa, católica e apostólica.

Parecer-se com Jesus significa reproduzir hoje seu modo de vida e sua maneira de ser; encarnar-nos na vida real das pessoas como Ele se encarnava; despertar confiança em Deus no coração das pessoas e, sobretudo, amar como Ele amava. Jesus disse: "Eu sou o Caminho, a Verdade e a Vida". A maneira de caminhar para o Pai é seguir seus passos.

Pode-se notar que a Igreja é de Jesus se ela se preocupa com os que sofrem, se ela se arrisca a perder prestígio e segurança por defender a causa dos últimos, se ela ama acima de tudo os desvalidos. Se amamos a Igreja temos que preocupar-nos em fazer que nela e a partir dela as pessoas sejam amadas como Jesus as amava.

Uma Igreja onde as pessoas são amadas e se busca uma vida mais digna e feliz para todos "se faz notar" hoje, porque é isso precisamente que mais falta no mundo: nas relações entre povos ricos e pobres, na economia controlada pelos poderosos, na sociedade dominada pelos fortes.

Por outro lado, só assim a Igreja se torna digna de fé. Se não sabemos reproduzir hoje o amor de Jesus, é inútil procurar fazer-nos dignos de fé por outros meios. As pessoas verão que somos como todos: incapazes de guiar-nos só pelo amor compassivo. Não seremos "Igreja de Jesus", pois nos faltará o traço que melhor o caracterizou. Jesus terá deixado de ser para nós "o Caminho, a Verdade e a Vida".

CRER EM JESUS, O CRISTO

Há na vida momentos de verdadeira sinceridade em que surgem do nosso interior, com lucidez e claridade incomuns, as perguntas mais decisivas: em última análise, em que eu creio? O que é que espero? Em quem apoio minha existência?

Ser cristão é, antes de tudo, crer em Cristo. Ter a sorte de ter-se encontrado com Ele. Acima de toda crença, fórmula, rito ou ideologização, o verdadeiramente decisivo na experiência cristã é o encontro com Jesus, o Cristo. Ir descobrindo por experiência pessoal, sem que ninguém tenha que dizer-nos de fora, toda a força, a luz, a alegria, a vida que podemos ir recebendo de Cristo. Poder dizer a partir da própria experiência que Jesus é "Caminho, Verdade e Vida".

Em primeiro lugar, descobrir Jesus como Caminho. Escutar nele o convite a caminhar, avançar sempre, não deter-nos nunca, renovar-nos constantemente, aprofundar-nos na vida, construir um mundo justo, fazer uma Igreja mais evangélica. Apoiar-nos em Cristo para andar dia a dia o caminho doloroso e ao mesmo tempo gozoso que vai da desconfiança à fé.

Em segundo lugar, encontrar em Cristo a verdade. A partir dele descobrir Deus na raiz e no extremo do amor que nós seres humanos damos e acolhemos. Dar-nos conta, por fim, de que a pessoa só é humana no amor. Descobrir que a única verdade é o amor, e descobri-lo aproximando-nos do ser concreto que sofre e é esquecido.

Em terceiro lugar, encontrar em Cristo a vida. Na realidade, as pessoas creem naquele que nos dá a vida. Por isso, ser cristão não é admirar um líder nem formular uma confissão sobre Cristo. É encontrar-nos com um Cristo vivo e capaz de fazer-nos viver.

Jesus é "Caminho, Verdade e Vida". É outro modo de caminhar pela vida. Outra maneira de ver e sentir a existência. Outra dimensão mais profunda. Outra lucidez e outra generosidade. Outro horizonte e outra compreensão. Outra luz. Outra energia. Outro modo de ser. Outra liberdade. Outra esperança. Outro viver e outro morrer.

23

A VERDADE DE JESUS

Naquele tempo disse Jesus a seus discípulos: "Se me amais, guardareis meus mandamentos. Eu pedirei ao Pai, e Ele vos dará outro Defensor que estará convosco para sempre. Ele é o Espírito da verdade que o mundo não pode receber porque não o vê nem o conhece. Vós o conheceis porque permanece convosco e está em vós. Não vos deixarei órfãos. Voltarei para vós. Dentro de pouco tempo, o mundo não me verá mais. Vós, porém, me vereis porque eu vivo e vós vivereis. Naquele dia sabereis que eu estou no Pai, vós em mim e eu em vós. Quem recebe os meus mandamentos e os observa, esse é que me ama. Quem me ama será amado por meu Pai. Eu também o amarei e me relevarei a Ele" (Jo 14,15-21).

Não estamos órfãos

Uma Igreja formada por cristãos que se relacionam com um Jesus mal conhecido, pouco amado e apenas lembrado de maneira rotineira é uma Igreja que corre o risco de estar se extinguindo. Uma comunidade cristã reunida em torno de um Jesus apagado, que não seduz nem toca os corações, é uma comunidade sem futuro.

Na Igreja de Jesus precisamos urgentemente de uma nova qualidade em nossa relação com Ele. Precisamos de comunidades cristãs marcadas pela experiência viva de Jesus. Todos podemos contribuir para que na Igreja se sinta e se viva Jesus de maneira nova. Podemos fazer que a Igreja seja mais de Jesus, que viva mais unida a Ele. Como?

João retoma em seu Evangelho a despedida de Jesus na última ceia. Os discípulos percebem que dentro de bem pouco tempo Jesus lhes será arrebatado. O que será deles sem Jesus? A quem seguirão? Onde alimentarão sua esperança? Jesus lhes fala com ternura especial. Antes de deixá-los, quer fazê-los ver como poderão viver unidos a Ele, inclusive depois de sua morte.

Antes de tudo, deve ficar gravado em seu coração algo que nunca deverão esquecer: "Não vos deixarei órfãos. Voltarei". Jamais devem sentir-se sós. Jesus lhes fala de uma presença nova que os envolverá e os fará viver, pois os atingirá no mais íntimo de seu ser. Não os esquecerá. Virá e estará com eles.

Jesus já não poderá mais ser visto com a luz deste mundo, mas poderá ser visto por seus seguidores com os olhos da fé. Não devemos cuidar desta presença de Jesus ressuscitado no meio de nós e reavivá-la muito mais? Como vamos trabalhar por um mundo mais humano e uma Igreja mais evangélica, se não sentimos Jesus junto de nós?

Jesus lhes fala de uma experiência nova que até aquele momento seus discípulos não conheciam, enquanto o seguiam pelos caminhos da Galileia: "Sabereis que eu estou no Pai e vós estareis em mim". Esta é a experiência básica que sustenta nossa fé. No fundo de nosso coração cristão sabemos que Jesus está no Pai e nós estamos nele. Isto muda tudo.

Esta experiência é alimentada pelo amor: "Ao que me ama... eu também o amarei e me revelarei a ele". É possível seguir a Jesus tomando a cruz cada dia sem amá-lo e sem sentir-nos amados *entranhavelmente* por Ele? É possível evitar a decadência do cristianismo sem reavivar este amor? Que força poderá mover a Igreja se deixarmos que se apague o amor? Quem poderá preencher o vazio deixado por Jesus? Quem poderá substituir sua presença viva no meio de nós?

VIVER NA VERDADE DE JESUS

Não há na vida uma experiência tão misteriosa e sagrada como a despedida do ente querido que vai para o além da morte. Por isso o Evangelho de

João trata de recolher na despedida última de Jesus seu testamento: o que não deverão esquecer nunca.

Uma coisa é bem clara para o evangelista. O mundo não vai poder "ver" nem "conhecer" a verdade que se oculta em Jesus. Para muitos, Jesus terá passado por este mundo como se nada tivesse acontecido; não deixará nenhum rastro na vida deles. Para ver Jesus é preciso ter olhos novos. Só aqueles que o amam poderão experimentar que Ele está vivo e faz viver. Jesus é a única pessoa que merece ser amada de maneira absoluta. Quem o ama assim não pode pensar nele como se pertencesse ao passado. Sua vida não é uma lembrança. Quem ama a Jesus vive suas palavras, "guarda seus mandamentos", vai "impregnando-se" de Jesus.

Não é fácil expressar esta experiência. O evangelista a chama "Espírito da verdade". É uma expressão muito acertada, pois Jesus vai convertendo-se numa força e numa luz que nos faz "viver na verdade". Seja qual for o ponto em que nos encontramos na vida, acolher Jesus em nós nos leva à verdade.

Este "Espírito da verdade" não deve ser confundido com uma doutrina. Não se encontra nos livros dos teólogos nem nos documentos do magistério. Segundo a promessa de Jesus, "vive conosco e está em nós". Podemos ouvi-lo em nosso interior e resplandece na vida de quem segue os passos de Jesus de maneira humilde, confiante e fiel.

O evangelista o chama "Espírito defensor", porque nos defende do que poderia separar-nos de Jesus, agora que Ele não está mais fisicamente conosco. Este Espírito "está sempre conosco". Ninguém pode matar este Espírito como fizeram com Jesus. Ele continuará sempre vivo no mundo. Se o acolhermos em nossa vida, não nos sentiremos órfãos e desamparados.

Talvez a conversão de que nós cristãos mais necessitamos hoje é ir passando de uma adesão verbal, rotineira e pouco real a Jesus para a experiência de viver arraigados em seu "Espírito da verdade".

NÃO AFASTAR-NOS DA VERDADE

Nós do Primeiro Mundo não estamos hoje a fim de ouvir verdades. O que de verdade nos interessa é viver tranquilos nosso próprio bem-estar. Não queremos ver a realidade nem saber como vai o mundo. Incomoda-nos pensar nos que sofrem. O real somos nós. O mundo vai bem. Assim pensamos em nossa arrogância.

Algo parecido acontece também na Igreja. Não estamos dispostos a ouvir a verdade do Evangelho. Temos medo de dizer em voz alta as exigências concretas que essa verdade poderia ter em Roma, em nossas dioceses e em nossas comunidades. Preferimos esquecê-la e buscar a segurança que nos dá viver comodamente numa tradição religiosa multissecular. Nós católicos não somos a religião mais poderosa do mundo?

Se algo caracteriza Jesus é sua vontade de viver no real. Ele não se deixa enganar pelo poder nem pelo bem-estar dos romanos que dominam o mundo. Não se deixa seduzir pela liturgia do Templo, nem pela ortodoxia da religião judaica. Ele busca a verdade de Deus. Só crê nessa verdade, a única que pode humanizar-nos.

Por isso Jesus vai ao fundo das coisas. Não fica nas aparências. Vê as pessoas como Deus as vê. Capta seus medos, sofrimentos e aspirações como Deus as capta. Não vive de ideologias políticas nem de teorias religiosas. Busca o reino de Deus e sua justiça. É nisto que consiste para Ele a verdade.

Segundo o quarto Evangelho, este é o Espírito que Jesus quer para que seus seguidores se defendam do que pode desviá-los. "Eu pedirei ao Pai que vos dê um outro Defensor que estará convosco para sempre, o Espírito da verdade". A primeira tarefa da Igreja é cuidar deste "Espírito da verdade", não afastar-nos dele, deixar-nos transformar por sua força, difundi-lo e transmiti-lo entre nós.

Em seu livro *O Deus de Jesus Cristo,* o papa Bento XVI diz assim: "A fonte do Espírito é Jesus. Quanto mais penetramos em Jesus, tanto mais penetramos realmente no Espírito e este penetra em nós". Segundo ele, uma Igreja "marcada pelo Espírito" é aquela que sabe recordar com profundidade o Evangelho e compenetrar-se mais da palavra de Jesus para torná-la cada vez mais viva e mais fecunda.

TEMOS UM DEFENSOR

A verdade é que nós humanos somos bastante complexos. Cada indivíduo é um mundo de desejos e frustrações, ambições e medos, dúvidas e interrogações. Muitas vezes nem sabemos quem somos e o que queremos. Desconhecemos para onde nossa vida está se orientando. Quem pode ensinar-nos a viver de maneira certa?

Aqui não servem as propostas abstratas nem as teorias. Não basta esclarecer as coisas de maneira racional, nem ter diante de nossos olhos normas e diretrizes corretas. O decisivo é a arte de atuar dia a dia de maneira positiva, sadia e criadora.

Para um cristão, Jesus é sempre seu grande mestre de vida, mas Ele já não está mais ao nosso lado. Por isso têm tanta importância estas palavras do Evangelho: "Eu vou pedir ao Pai que vos dê outro Defensor que estará sempre convosco, o Espírito da verdade".

Precisamos que alguém nos faça lembrar a verdade de Jesus. Se a esquecemos, não saberemos quem somos nem o que estamos chamados a ser. Vamos desviar-nos sempre de novo do Evangelho e defender em seu nome causas e interesses que pouco têm a ver com Ele. Vamos desfigurando a verdade, ao mesmo tempo em que achamos estar de posse dela.

É preciso que o Espírito ative em nós a memória de Jesus, sua presença viva, sua imaginação criadora. Não se trata de despertar uma lembrança do passado: sublime, comovente, entranhável, mas sempre uma lembrança. O que o Espírito do Ressuscitado faz conosco é abrir nosso coração ao encontro pessoal com Jesus como alguém vivo. Só esta relação afetiva e cordial com Jesus Cristo é capaz de transformar-nos e gerar em nós uma maneira nova de ser e de viver.

No quarto Evangelho, o Espírito é chamado "defensor" ou "paráclito", porque nos defende do que pode destruir-nos. Há muitas coisas na vida das quais não sabemos defender-nos por nós mesmos. Necessitamos de luz, fortaleza e ânimo sustentador. Por isso invocamos o Espírito. É a melhor maneira de pôr-nos em contato com Jesus e viver defendidos de tudo que pode desviar-nos dele.

A ARTE DE VIVER A PARTIR DO ESPÍRITO DE DEUS

Os cristãos nunca se sentiram órfãos. O vazio deixado pela morte de Jesus foi preenchido pela presença viva do Espírito do Ressuscitado. Este Espírito do Senhor enche a vida do crente. O Espírito da verdade que vive conosco está em nós e nos ensina a arte de viver na verdade.

O que configura a vida de um verdadeiro crente não é a ânsia de bem-estar, nem a luta pelo êxito, nem sequer a obediência a um ideal, mas a busca prazerosa da verdade de Deus sob o impulso do Espírito.

O verdadeiro crente não cai no legalismo nem na anarquia, mas busca com coração limpo a verdade. Sua vida não está programada por proibições, mas vem animada e impulsionada positivamente pelo Espírito.

Quando o crente vive esta experiência do Espírito, ele descobre que ser cristãos não é um peso que oprime e atormenta a consciência, mas que é deixar-nos guiar pelo amor criador do Espírito que vive em nós e nos faz viver uma espontaneidade que nasce, não do nosso egoísmo, mas do amor. Uma espontaneidade na qual a pessoa renuncia a seus interesses egoístas e se confia ao gozo do Espírito. Uma espontaneidade que é regeneração, renascimento e reorientação contínua para a verdade de Deus.

Esta vida nova no Espírito não significa unicamente vida interior de piedade e oração. A verdade de Deus gera em nós um novo modo de vida, oposto ao modo de vida que brota da mentira e do egoísmo. Vivemos numa sociedade onde a mentira se chama diplomacia; a exploração, negócio; a irresponsabilidade, tolerância; a injustiça, ordem estabelecida; o sexo, amor; a arbitrariedade, liberdade; a falta de respeito, sinceridade.

Esta sociedade dificilmente pode entender ou aceitar uma vida cunhada pelo Espírito. Mas é este Espírito que defende o crente e o faz caminhar para a verdade, libertando-o da mentira social, da farsa e da intolerância de nossos egoísmos.

24

A PAZ DE JESUS

Naquele tempo disse Jesus a seus discípulos: "Se alguém me ama, guarda a minha palavra; meu Pai o amará e viremos a ele e nele faremos morada. Aquele que não me ama não guarda as minhas palavras. A palavra que estais ouvindo não é minha, mas do Pai que me enviou. Disse-vos estas coisas enquanto estou convosco. Mas o Paráclito, o Espírito Santo, que o Pai enviará em meu nome, Ele vos ensinará tudo e vos trará à memória tudo quanto eu vos disse. Deixo-vos a paz, eu vos dou a minha paz. Eu vo-la dou não como o mundo a dá. Não fiqueis perturbados nem tenhais medo. Ouviste o que eu vos disse: eu vou, mas volto para vós. Se me amásseis, certamente haveríeis de alegrar-vos. Porque eu vou para junto do Pai, e o Pai é maior do que eu. Disse-vos agora estas coisas antes que aconteçam, para que creiais quando acontecerem (Jo 14,23-29).

O GRANDE DOM DE JESUS

Seguindo o costume judeu, os primeiros cristãos se saudavam desejando-se mutuamente a "paz". Não era uma saudação rotineira e convencional, mas tinha para eles um significado mais profundo. Numa carta escrita por Paulo a uma comunidade cristã da Ásia Menor, por volta do ano 61, ele lhes manifesta seu grande desejo: "Que a paz de Cristo reine em vossos corações".

Esta paz não deve ser confundida com qualquer coisa. Não é só uma falta de conflitos e tensões. Também não uma sensação de bem-estar ou uma busca de tranquilidade interior. Segundo o Evangelho de João, é o grande dom de Jesus, a herança que Ele quis deixar para seus seguidores, para sempre. Assim diz Jesus: "Dou-vos a paz, eu vos dou a minha paz".

Sem dúvida eles recordavam o que Jesus havia pedido a seus discípulos ao enviá-los para construir o reino de Deus: "Na casa em que entrardes, dizei primeiro: 'Paz a esta casa'". Para humanizar a vida, o primeiro a fazer é semear paz, não violência; promover respeito, diálogo e escuta mútua, não imposição, enfrentamento e dogmatismo.

Por que é tão difícil a paz? Por que voltamos sempre de novo ao enfrentamento e à agressão mútua? Há uma resposta primeira tão elementar e simples que ninguém a leva a sério: só os homens e mulheres que possuem paz podem introduzi-la na sociedade.

Não é qualquer um que pode semear a paz. Com o coração cheio de ressentimento, intolerância e dogmatismo pode-se mobilizar as pessoas, mas não é possível trazer verdadeira paz à convivência. Não se ajuda a aproximar posturas e a criar um clima amistoso de entendimento, mútua aceitação e diálogo.

Não é difícil assinalar alguns traços da pessoa que leva em seu interior a paz de Cristo: ela sempre busca o bem de todos, não exclui ninguém, respeita as diferenças, não alimenta a agressão, fomenta o que une, nunca o que traz discórdia.

O que estamos trazendo hoje a partir da Igreja de Jesus? Concórdia ou discórdia? Reconciliação ou enfrentamento? Se os seguidores de Jesus não trazem paz em seu coração, o que trazem então? Medos, interesses, ambições, irresponsabilidade?

A PAZ NA IGREJA

No Evangelho de João podemos ler um conjunto de discursos nos quais Jesus vai se despedindo de seus discípulos. Os comentaristas o chamam "discurso de despedida". Nele se respira uma atmosfera muito especial: os discípulos têm medo de ficar sem seu Mestre. Jesus, por sua vez, insiste em dizer-lhes que, apesar de sua partida, nunca sentirão sua ausência.

Até cinco vezes Jesus lhes repete que poderão contar com o "Espírito Santo". Ele os defenderá, pois os manterá fiéis à sua mensagem e seu projeto. Por isso o chama "Espírito da verdade". Num determinado momento, Jesus explica-lhes melhor qual será o trabalho desse Espírito: "O Defensor, o Espírito Santo... será aquele que vos ensinará tudo e vos fará lembrar tudo o que vos disse". Este Espírito será a memória viva de Jesus.

É grandioso o horizonte que Ele oferece a seus discípulos. De Jesus nascerá um grande movimento espiritual de discípulos e discípulas que o seguirão, defendidos pelo Espírito Santo. Eles se manterão em sua verdade, pois esse Espírito lhes ensinará tudo o que Jesus lhes comunicou pelos caminhos da Galileia. Ele os defenderá no futuro da perturbação e da covardia.

Jesus deseja que entendam bem o que significará para eles o Espírito da verdade e Defensor de sua comunidade: "Deixo-vos a paz, eu vos dou a minha paz". Não só lhes deseja a paz, mas dá-lhes a sua paz. Se vivem guiados pelo Espírito, recordando e guardando suas palavras, conhecerão a paz.

Não é uma paz qualquer. É sua paz. Por isso lhes diz: "Não vo-la dou como a dá o mundo". A paz de Jesus não se constrói com estratégias inspiradas na mentira ou na injustiça, mas atuando com o Espírito da verdade. Hão de reafirmar-se nele: "Que não se perturbe o vosso coração nem tenhais medo".

Nestes tempos difíceis de desprestígio e de conturbação que estamos sofrendo na Igreja, seria um grave erro defender nossa credibilidade e autoridade moral atuando sem o Espírito da verdade prometido por Jesus. O medo continuará penetrando no cristianismo, se buscarmos assentar nossa segurança afastando-nos do caminho traçado por Ele.

Quando se perde a paz na Igreja, não é possível recuperá-la de qualquer maneira, nem adianta qualquer estratégia. Com o coração cheio de ressentimento e cegueira não é possível introduzir a paz de Jesus. É necessário converter-nos humildemente à sua verdade, mobilizar todas as nossas forças para não trilhar caminhos equivocados e deixar-nos guiar pelo Espírito que animou a vida inteira de Jesus.

UMA CULTURA DA PAZ

São muitos os conflitos que sacodem hoje nossa sociedade. Além das tensões e enfrentamentos que ocorrem entre as pessoas e no seio das famílias, graves conflitos de ordem social, política e econômica impedem entre nós a convivência pacífica.

Para resolver os conflitos, sempre temos que fazer uma opção: ou escolhemos a via do diálogo e do mútuo entendimento, ou seguimos os caminhos da violência e do enfrentamento. Por isso, muitas vezes o mais grave não é a própria existência dos conflitos, mas o fato de que se pode acabar acreditando que os conflitos só podem ser resolvidos por meio de imposição da força.

Diante desta "cultura da violência" temos que promover hoje uma "cultura da paz". A fé na violência deve ser substituída pela fé na eficácia dos caminhos não violentos. Temos que aprender a resolver nossos problemas por vias dignas do ser humano. Não fomos feitos para viver permanentemente no enfrentamento. Antes de qualquer outra coisa, somos humanos e chamados a entender-nos buscando honestamente soluções justas para todos.

Esta "cultura da paz" exige que se busque a eliminação das injustiças sem introduzir outras novas, e sem alimentar e aprofundar mais as divisões. Só os que resistem aos meios injustos e combatem todo atentado contra a pessoa podem ser construtores de paz.

Além disso, uma "cultura de paz" exige que se crie um clima de diálogo social promovendo atitudes de respeito e escuta mútuos. Uma sociedade avança para a paz renunciando aos dogmatismos, buscando a aproximação de posturas e esclarecendo no diálogo as razões em confronto.

A "cultura da paz" sempre se arraiga na verdade. Deformá-la ou manipulá-la a serviço de interesses partidaristas ou de estratégias obscuras não levará à verdadeira paz. Mentir e enganar o povo sempre geram violência.

A "cultura da paz" só se assenta numa sociedade quando as pessoas estão dispostas ao perdão sincero, renunciando à vingança e à revanche. O perdão liberta da violência do passado e gera novas energias para construir o futuro entre todos.

No meio desta sociedade, nós cristãos temos que escutar de maneira nova as palavras de Jesus, "deixo-vos a paz, eu vos dou a minha paz", e temos que perguntar-nos o que fizemos dessa paz que o mundo não pode dar, mas precisa conhecer.

NÃO DÁ NO MESMO

O pluralismo é um fato inegável. Pode-se até afirmar que é um dos traços mais característicos da sociedade moderna. Fracionou-se em mil pedaços aquele mundo monolítico de anos atrás. Hoje convivem entre nós posições, ideias ou valores de todo tipo.

Este pluralismo não é só um dado, é um dos poucos dogmas de nossa cultura. Hoje tudo pode ser discutido. Tudo menos o direito de cada um de pensar como lhe pareça e ser respeitado no que pensa. Este pluralismo certamente pode estimular-nos à busca responsável, ao diálogo e à confrontação de posturas. Mas também pode levar-nos a graves retrocessos.

De fato, não poucos estão caindo num relativismo total. Tudo dá no mesmo. Como diz o sociólogo francês G. Lipovetsky, "vivemos na hora dos *feelings*". Já não existe verdade nem mentira, beleza ou feiura. Nada é bom nem mau. Vive-se de impressões e cada um pensa o que quer e faz o que lhe apraz.

Neste clima de relativismo, estamos chegando a situações realmente decadentes. Defendem-se as crenças mais estranhas sem o mínimo rigor. Pretende-se resolver com quatro tópicos as questões mais vitais do ser humano. A. Finkielkraut quer dizer algo quando afirma que "a barbárie está se apoderando da cultura".

É inevitável esta pergunta: Pode-se chamar tudo isto de "progresso"? É bom para a pessoa e para a humanidade povoar a mente com qualquer ideia ou encher o coração com qualquer crença, renunciando a uma busca honesta de maior verdade, bondade e sentido da vida?

O cristão de hoje está convidado a viver sua fé em atitude de busca responsável e compartilhada. Não dá no mesmo pensar qualquer coisa da vida. Temos que seguir buscando a verdade última do ser humano que está bem longe de estar explicada satisfatoriamente a partir de teorias científicas, sistemas sociológicos ou visões ideológicas.

O cristão também é chamado a viver sanando esta cultura. Não é o mesmo ganhar dinheiro sem escrúpulo algum que desempenhar honradamente um serviço público, nem é a mesma coisa dar gritos a favor do terrorismo que defender os direitos de cada pessoa. Não dá no mesmo abortar que acolher a vida, nem é igual "fazer amor" de qualquer maneira que amar de verdade o outro. Não é o mesmo ignorar os necessitados ou trabalhar por seus direitos. A primeira alternativa é má e prejudica o ser humano. A segunda está carregada de esperança e promessa.

Também no meio do atual pluralismo continuam ressoando as palavras de Jesus: "Quem me ama guardará a minha palavra e meu Pai o amará".

Pessoas empobrecidas

Todo ser humano vive condicionado pela realidade sociológica e histórica na qual se encontra inserido. Sem que possamos evitá-lo, somos parte integrante de um mundo complexo que incide poderosamente em nossa maneira de ser, atuar e viver. O marco sociocultural em que vivemos marca decisivamente nossa conduta, nossa atitude existencial e todo o nosso ser.

Por isso deveríamos estar mais atentos àqueles fenômenos sociológicos que estão modelando o ser humano de nossos dias: fenômenos como a tecnologia, o consumo, a mobilidade, o anonimato social, a incomunicação, o pluralismo...

Não são poucos os observadores que, ao estudar as possibilidades e os riscos da sociedade contemporânea, assinalam com tom alarmante o empobrecimento interior e o vazio que parece ameaçar o ser humano contemporâneo.

Avançamos tecnologicamente de maneira insuspeitável, mas vivemos dependendo cada vez mais daquilo que fabricamos. Com frequência estamos condenados a um ofício ou trabalho especializado, sem poder desenvolver adequadamente mais do que uma parte mínima de nosso ser.

Vivemos de maneira acelerada, sujeitos a um ritmo de vida esgotante, sem possibilidade de deter-nos serenamente diante da própria vida. Alimentamo-nos de uma informação múltipla e variada de notícias e dados, mas sem meios para discernir, refletir e formar um juízo com responsabilidade e lucidez.

Vivemos seduzidos pelos mil atrativos enganosos da sociedade de consumo, mas "infra-alimentados" espiritualmente. Alienados por diversos reclamos e distraídos por inumeráveis modas ou consignas, sem capacidade para confrontar-nos com nossa própria verdade.

Nós crentes entendemos que a fé pode ser a grande força interior que nos ajude a libertar-nos da alienação, da superficialidade, da desintegração ou do vazio interior. Para viver de maneira mais humana e libertada, precisamos de uma energia interior capaz de animar e dinamizar nossa vida. Por isso escutamos hoje com alegria as palavras de Jesus: "Quem me ama guardará minha palavra e meu Pai o amará e viremos a ele e nele faremos morada".

25

PERMANECER EM JESUS

Naquele tempo disse Jesus a seus discípulos: "Eu sou a verdadeira videira e meu Pai é o agricultor. Ele corta todo ramo que em mim não dá fruto, e poda todo aquele que dá fruto, para que produza mais. Vós já estais limpos por causa da palavra que vos tenho anunciado. Permanecei em mim e eu permanecerei em vós. O ramo não pode dar furto por si mesmo, se não permanecer na videira. Assim também vós, se não permanecerdes em mim. Eu sou a videira, vós os ramos. Quem permanece em mim, e eu nele, dá muito fruto; porque sem mim nada podeis fazer. Se alguém não permanecer em mim, será lançado fora como o ramo e secará; será ajuntado, jogado no fogo e queimado. Se permanecerdes em mim e minhas palavras permanecerem em vós, pedireis tudo o que quiserdes e vos será dado. Meu Pai será glorificado, se derdes muito fruto e vos tornardes meus discípulos" (Jo 15,1-8).

CONTATO VITAL

Segundo o relato evangélico de João, às vésperas de sua morte, Jesus revela a seus discípulos seu desejo mais profundo: "Permanecei em mim". Ele conhece a covardia e mediocridade deles. Em muitas ocasiões recriminou-os por sua pouca fé. Se não se mantiverem vitalmente unidos a Ele, não poderão subsistir.

As palavras de Jesus não podem ser mais claras e expressivas: "Como o ramo não pode dar fruto por si mesmo, se não permanece na videira, assim também vós, se não permaneceis em mim". Se eles não se mantiverem firmes no que aprenderam e viveram junto dele, sua vida será estéril. Se não vivem de seu Espírito, o que foi iniciado por Ele se extinguirá.

Jesus usa uma linguagem contundente: "Eu sou a videira e vós sois os ramos". Nos discípulos há de correr a seiva que provém de Jesus. Isto eles não devem esquecer nunca. "Quem permanece em mim e eu nele, esse dá muito fruto, porque sem mim nada podeis fazer". Separados de Jesus, nós seus discípulos não podemos nada.

Jesus não só lhes pede que permaneçam nele, mas também lhes diz que "suas palavras permanecem neles" e que não devem esquecê-las. Que vivam de seu Evangelho. Essa é a fonte da qual hão de beber. Já lhes havia dito em outra ocasião: "As palavras que eu vos disse são espírito e vida".

O Espírito do Ressuscitado permanece hoje vivo e operante em sua Igreja de múltiplas formas, mas sua presença invisível e silenciosa adquire traços visíveis e voz concreta, graças à memória guardada nos relatos evangélicos por aqueles que o conheceram de perto e o seguiram. Nos evangelhos entramos em contato com sua mensagem, seu modo de vida e seu projeto do reino de Deus.

Por isso, nos evangelhos se encerra a força mais poderosa que as comunidades cristãs possuem para regenerar sua vida. A energia de que necessitam para recuperar sua identidade de seguidores de Jesus. O Evangelho de Jesus é o instrumento pastoral mais importante para renovar hoje a Igreja.

Muitos bons cristãos de nossas comunidades só conhecem os evangelhos de "segunda mão". Tudo o que sabem de Jesus e de sua mensagem provém do que puderam reconstruir a partir das palavras dos pregadores e catequistas. Vivem sua fé sem ter um contato pessoal com "as palavras de Jesus".

É difícil imaginar uma "nova evangelização" sem facilitar às pessoas um contato mais direto e imediato com os evangelhos. Nada tem mais força evangelizadora do que a experiência de escutar juntos o Evangelho de Jesus, a partir das perguntas, dos problemas, sofrimentos e esperanças de nossos tempos.

NÃO SEPARAR-NOS DE JESUS

A imagem é simples e de grande força expressiva. Jesus é a "verdadeira videira", cheia de vida. Os discípulos são "os ramos" que vivem da seiva que lhes chega de Jesus. O Pai é o "viticultor" que cuida pessoalmente da vinha para que dê fruto abundante. A única coisa importante é que se vai tornando realidade seu projeto de um mundo mais humano e feliz para todos.

A imagem coloca em relevo onde está o problema. Há ramos secos pelos quais não circula a seiva de Jesus. Discípulos que não dão fruto, porque não corre em suas veias o Espírito do Ressuscitado. Comunidades cristãs que enlanguescem desconectadas de sua pessoa.

Por isso se faz uma afirmação carregada de intensidade: "O ramo não pode dar fruto se não permanece na videira": a vida dos discípulos é estéril "se não permanecem" em Jesus. Suas palavras são categóricas: "Sem mim nada podeis fazer". Será que aqui não está sendo desvelada a verdadeira raiz da crise de nosso cristianismo, o fator interno que racha seus alicerces como nenhum outro?

A forma como muitos cristãos vivem sua religião, sem uma união vital com Jesus Cristo, não subsistirá por muito tempo: ficará reduzida a folclore anacrônico que não trará a Boa Notícia do Evangelho a ninguém. A Igreja não poderá levar a cabo sua missão no mundo contemporâneo, se nós, que nos dizemos "cristãos", não nos convertemos em discípulos de Jesus, animados por seu espírito e sua paixão por um mundo mais humano.

Ser cristão exige hoje uma experiência vital de Jesus Cristo, um conhecimento interior de sua pessoa e uma paixão por seu projeto, que não se requeriam para ser praticante dentro de uma sociedade de cristandade. Se não aprendemos a viver de um contato mais imediato e apaixonado com Jesus, a decadência de nosso cristianismo pode converter-se numa enfermidade mortal.

Nós cristãos vivemos hoje preocupados e distraídos com muitas questões. Não pode ser de outra maneira. Mas não devemos esquecer o essencial. Todos somos "ramos". Só Jesus é "a verdadeira videira". O decisivo nestes momentos é "permanecer nele": aplicar toda a nossa atenção ao Evangelho; alimentar em nossos grupos, redes, comunidades e paróquias o contato vivo com Ele; não afastar-nos de seu projeto.

Não permanecermos sem seiva

A imagem é de uma força extraordinária: Jesus é a "videira", nós que cremos nele, somos os "ramos". Toda a vitalidade dos cristãos nasce dele. Se a seiva de Jesus ressuscitado corre por nossa vida, ela nos traz alegria, luz, criatividade, coragem para viver como Ele vivia. Se, ao contrário, não flui em nós, somos sarmentos secos.

Este é o verdadeiro problema de uma Igreja que celebra Jesus ressuscitado como "videira" cheia de vida, mas que em boa parte é formada por sarmentos mortos. Para que continuar a distrair-nos com tantas coisas, se a vida de Jesus não corre por nossas comunidades e nossos corações?

Nossa primeira tarefa hoje e sempre é "permanecer" na videira, não viver desconectados de Jesus, não permanecer sem seiva, não secar. Como se faz isto? O Evangelho o diz com clareza: temos que esforçar-nos para que suas "palavras" permaneçam em nós.

A vida cristã não brota espontaneamente entre nós. Nem sempre se pode deduzir racionalmente o Evangelho. É necessário meditar por longas horas as palavras de Jesus. Só a familiaridade e afinidade com os evangelhos nos faz ir aprendendo pouco a pouco a viver como Ele.

Com a frequente aproximação às páginas do Evangelho, vamos entrando em sintonia com Jesus, Ele nos transmite seu amor ao mundo, vai nos apaixonando por seu projeto e infundindo em nós seu Espírito. Quase sem nos darmos conta, vamos nos tornando cristãos.

Esta meditação pessoal das palavras de Jesus nos muda mais do que todas as explicações, discursos e exortações que nos chegam do exterior. As pessoas mudam a partir de dentro. Talvez seja este um dos problemas mais graves de nossa religião: não mudamos, porque só o que passa por nosso coração muda nossa vida; e, com frequência, por nosso coração não passa a seiva de Jesus.

A vida da Igreja se transformaria se os crentes, os casais cristãos, os presbíteros, as religiosas, os bispos e os educadores tivessem como livro de cabeceira os evangelhos de Jesus.

Encontro pessoal com Cristo

A fé não é uma emoção do coração. O crente sente sem dúvida sua fé, pode experimentá-la e desfrutá-la, mas seria um erro reduzi-la a "sentimentalismo". A fé não é algo que depende dos sentimentos: "Já não sinto mais nada... devo estar perdendo a fé". Ser crente é uma atitude responsável e razoável.

A fé também não é uma opinião pessoal. O crente vive crendo pessoalmente em Deus, mas a fé não pode ser reduzida a "subjetivismo": "Eu tenho minhas ideias e creio no que me parece". A realidade de Deus não depende de mim nem o cristianismo é fabricação de cada um.

A fé tampouco é uma tradição recebida dos pais. É bom nascer numa família crente e receber desde criança uma orientação cristã, mas seria muito pobre reduzir a fé a "costume religioso": "Na minha família sempre temos sido muito de Igreja". A fé é uma decisão pessoal de cada um.

A fé também não é uma receita moral. Crer em Deus tem suas exigências, mas seria um erro reduzir tudo a "moralismo": "Eu respeito a todos e não faço mal a ninguém". Além disso, a fé é amor a Deus, compromisso por um mundo mais humano, esperança de vida eterna, ação de graças, celebração.

A fé não é um "tranquilizante". Crer em Deus é, sem dúvida, fonte de paz, consolo e serenidade, mas a fé não é só um "amparo" para os momentos críticos: "Eu, quando me encontro em apuros, recorro à Virgem". Crer é o melhor estímulo para lutar, trabalhar e viver de maneira digna e responsável.

A fé começa a desfigurar-se quando esquecemos que, antes de tudo, ela é um encontro pessoal com Cristo. O cristão é uma pessoa que se encontra com Cristo e nele vai descobrindo um Deus Amor que cada dia o convence e atrai mais. João o disse muito bem: "Nós conhecemos o amor que Deus tem por nós e cremos nele. Deus é Amor" (1Jo 4,16).

Esta fé só dá frutos quando vivemos dia a dia unidos a Cristo, isto é, motivados e sustentados por seu Espírito e sua Palavra: "Quem permanece em mim e eu nele, esse dá muito fruto, porque sem mim nada podeis fazer".

Fé estéril

A imagem é realmente expressiva. Todo ramo que está vivo deve produzir fruto. E, se não produz, é porque não circula por Ele a seiva da videira. Assim é também nossa fé. Vive, cresce e dá frutos, quando vivemos abertos à comunicação com Cristo. Se esta relação vital se interrompe, cortamos a fonte de nossa fé.

Então a fé seca. Já não é capaz de animar nossa vida. Converte-se em confissão verbal vazia de conteúdo e de experiência viva. Triste caricatura do que os primeiros crentes viveram ao encontrar-se com o Ressuscitado. Digamos sinceramente, será que esta ausência de dinamismo cristão, essa incapacidade de continuar crescendo em amor e fraternidade com todos, essa inibição e passividade para lutar arriscadamente pela justiça, essa falta de criatividade evangélica para descobrir as novas exigências do Espírito, não estão delatando uma falta de comunicação viva com Cristo ressuscitado?

Por paradoxal que possa parecer, o vazio interior pode apoderar-se de mais de um cristão. Preso numa rede de relações, atividades, ocupações e problemas, o cristão pode sentir-se mais só do que nunca em seu interior, incapaz de comunicar-se vitalmente com esse Cristo em quem diz crer.

Talvez a derrota mais grave do homem ocidental seja sua incapacidade de vida interior. Parece que as pessoas vivem sempre fugindo. Sempre de costas para si mesmas. Diríamos que a alma de muitos é um deserto.

A falta de contato interior com Cristo como fonte de vida conduz pouco a pouco a um "ateísmo prático". Não adianta continuar confessando fórmulas, se a pessoa não conhece a comunicação calorosa, prazerosa e revitalizadora com o Ressuscitado. Essa comunicação de quem sabe desfrutar do diálogo silencioso com Ele, alimentar-se diariamente de sua palavra, lembrar-se dele com alegria no meio do trabalho cotidiano, ou descansar com Ele nos momentos de abatimento e opressão.

26

Permanecer em seu amor

*Naquele tempo disse Jesus a seus discípulos:
"Como o Pai me amou, assim também eu vos amei. Permanecei no meu amor. Se guardardes os meus mandamentos, permanecereis no meu amor, como eu também guardei os mandamentos de meu Pai e permaneço no seu amor. Disse-vos estas coisas para que minha alegria esteja convosco e a vossa alegria seja completa. Este é o meu mandamento: amai-vos uns aos outros como eu vos amei. Ninguém tem maior amor do que aquele que dá a vida por seus amigos. Vós sois meus amigos, se fizerdes o que vos mando. Já não vos chamo escravos, porque o escravo não sabe o que faz seu senhor. Eu vos chamo amigos porque vos dei a conhecer tudo o que ouvi de meu Pai. Não fostes vós que me escolhestes, mas fui eu que vos escolhi. Eu vos destinei para irdes dar fruto e para que vosso fruto permaneça, a fim de que o Pai vos dê tudo o que pedirdes a Ele em meu nome. É isto que eu vos mando: que vos ameis uns aos outros" (Jo 15,9-17).*

Não desviar-nos do amor

O evangelista João coloca nos lábios de Jesus um longo discurso de despedida no qual Ele resume com intensidade especial alguns traços fundamentais que seus discípulos devem lembrar ao longo dos tempos, para serem fiéis à sua pessoa e a seu projeto. Também em nossos dias.

"Permanecei no meu amor" é o primeiro. Não se trata somente de viver numa religião, mas de viver no amor com que nos ama Jesus, o amor que Ele recebe do Pai. Ser cristão não é em primeiro lugar um assunto doutrinal, mas uma questão de amor. Ao longo dos séculos, os discípulos conhecerão incertezas, conflitos e dificuldades de toda ordem. O importante será sempre não desviar-se do amor.

Permanecer no amor de Jesus não é algo teórico. Consiste em "guardar seus mandamentos" que Ele mesmo resume depois no mandato do amor fraterno: "Este é o meu mandamento: que vos ameis uns aos outros, como eu vos amei". O cristão encontra em sua religião muitos mandamentos. Sua origem, sua natureza e sua importância são diversas e desiguais. Com a passagem do tempo, as normas se multiplicam. Só do mandamento do amor diz Jesus: "Este é o meu mandamento". Em qualquer época e situação, o decisivo para seus seguidores é não sair do amor fraterno.

Jesus não apresenta este mandamento do amor como uma lei que deve reger nossa vida fazendo-a mais dura e pesada, mas como uma fonte de alegria: "Digo-vos isto para que minha alegria esteja em vós e vossa alegria seja completa". Quando falta entre nós o verdadeiro amor, cria-se um vazio que nada nem ninguém pode encher de alegria.

Sem amor não daremos passos para um cristianismo mais aberto, cordial, alegre, simples e amável, onde possamos viver como "amigos" de Jesus, segundo a expressão evangélica. Não saberemos como gerar alegria. Mesmo sem querer, continuamos cultivando um cristianismo triste, cheio de queixas, ressentimentos, lamentos e desgosto.

Com frequência, falta ao nosso cristianismo a alegria do que se faz e se vive com amor. Falta ao nosso seguimento de Jesus o entusiasmo da inovação e sobra-lhe a tristeza do que se repete sem convicção de estar reproduzindo o que Jesus queria de nós.

Do medo do amor

"Como o Pai me amou, assim eu vos amei: permanecei no meu amor". Não se trata de uma frase a mais. Este mandamento, carregado de mistério e de promessa, é a chave do cristianismo. Estamos tocando aqui o próprio coração da fé cristã, o critério último para discernir a verdade. Só "permanecendo no amor" podemos caminhar na verdadeira direção. Esquecer este amor é perder-nos, entrar por caminhos não cristãos, deformando tudo e desvirtuando o cristianismo pela raiz.

E, não obstante, nem sempre permanecemos neste amor. Na vida de muitos cristãos houve e ainda há muito medo, muita falta de confiança filial em Deus. A pregação que alimentou esses cristãos esqueceu por demais o amor de Deus, afogando assim aquela alegria inicial, viva e contagiosa que teve o cristianismo.

Aquilo que um dia foi "Boa Notícia", porque anunciava às pessoas "o amor insondável" de Deus, converteu-se para muitos na má notícia de um Deus ameaçador, que é rejeitado quase instintivamente porque não deixa ser nem viver.

No entanto, a fé cristã só pode ser vivida, sem trair sua essência, como experiência positiva, confiante e feliz. Por isso, neste momento em que muitos abandonam um determinado "cristianismo" – o único que conhecem –, temos que perguntar-nos se, na gestação deste abandono, e junto com outros fatores, não se esconde uma reação coletiva contra um anúncio de Deus pouco fiel ao Evangelho.

A aceitação de Deus ou sua recusa acontece, em grande parte, no modo como o sentimos diante de nós. Se o percebemos só como vigilante implacável de nossa conduta, faremos qualquer coisa para afastar-nos dele. Se o experimentamos como amigo que impulsiona nossa vida, vamos buscá-lo com alegria. Por isso, um dos maiores serviços que a Igreja pode prestar ao ser humano é ajudá-lo a passar do medo ao amor de Deus.

Existe certamente um temor de Deus que é santo e fecundo. A Escritura o considera "o começo da sabedoria". É o temor de desgraçar nossa vida fechando-nos a Ele. Um temor que desperta a pessoa da superficialidade e a faz voltar para Deus. Mas há um medo de Deus que não é bom.

Não nos aproxima de Deus, ao contrário, afasta-nos cada vez mais dele. É um medo que deforma o verdadeiro ser de Deus, como se Ele fosse desumano. Um medo prejudicial, sem fundamento real, que afoga a vida e o crescimento sadio da pessoa.

Para muitos, essa pode ser a mudança decisiva: passar do medo de Deus, que não gera senão rejeição mais ou menos dissimulada, a uma confiança nele que faz brotar em nós essa alegria prometida por Jesus: "Disse-vos isto para que minha alegria esteja convosco, e vossa alegria seja completa".

Ao modo de Jesus

Jesus está se despedindo de seus discípulos. Ele os amou apaixonadamente, com o mesmo amor que o Pai o amou. Agora tem que deixá-los. Conhece o egoísmo deles. Não sabem amar-se mutuamente. Jesus os vê discutindo entre si para obter os primeiros postos. O que será deles?

As palavras de Jesus adquirem um tom solene. Hão de ficar bem gravadas em todos: "Este é o meu mandamento: que vos ameis uns aos outros como eu vos amei". Jesus não quer que seu modo de amar desapareça entre os seus. Se um dia o esquecerem, ninguém poderá reconhecê-los como discípulos seus.

De Jesus permaneceu uma lembrança inapagável. As primeiras gerações assim resumiam sua vida: "Passou por toda parte fazendo o bem". Era bom encontrar-se com Ele, pois buscava sempre o bem das pessoas, ajudava a viver. Sua vida foi uma Boa Notícia. Nele se podia descobrir a boa proximidade de Deus.

Jesus tem um modo de amar inconfundível. É muito sensível ao sofrimento das pessoas. Não pode passar ao largo de quem está sofrendo. Um dia, ao entrar na pequena aldeia de Naim, encontrou-se com um enterro: uma viúva em pranto estava levando seu filho único à sepultura. Do íntimo de Jesus brota seu amor por aquela desconhecida: "Mulher, não chores". Quem ama como Jesus vive aliviando o sofrimento e secando lágrimas.

Os evangelhos lembram em diversas ocasiões como Jesus captava com seu olhar o sofrimento das pessoas. Olhava-as e se comovia: via-as sofrendo ou abatidas, como ovelhas sem pastor. Rapidamente se punha a curar as pessoas mais enfermas ou a alimentá-las com suas palavras. Quem ama como Jesus, aprende a olhar os rostos das pessoas com compaixão.

É admirável a disponibilidade de Jesus para fazer o bem. Ele não pensa em si mesmo. Está sempre atento a qualquer chamado, disposto a fazer o que pode. A um mendigo cego que lhe pede compaixão enquanto vai passando, Ele o acolhe com estas palavras: "O que queres que faça por ti?" Com esta atitude anda pela vida quem ama como Jesus.

Jesus sabe estar junto dos mais desvalidos. Nem precisam pedir-lhe e Ele faz o que pode para curar suas doenças, libertar suas consciências ou transmitir sua confiança em Deus. Mas não pode resolver todos os problemas daquela gente.

Então se dedica a fazer gestos de bondade: abraça as crianças da rua: não quer que ninguém se sinta órfão; abençoa os enfermos: não quer que se sintam esquecidos por Deus; acaricia a pele dos leprosos: não quer que se vejam excluídos. Assim são os gestos de quem ama como Jesus.

Alegria

Desde seu nascimento, o cristianismo apresentou-se como a proclamação de uma grande alegria: Deus está com seus filhos e filhas buscando sua felicidade última. Sem esta alegria, o cristianismo é incompreensível. De fato, a fé cristã se estendeu pelo mundo como uma explosão de alegria, e começa a perder terreno onde esta alegria vai se apagando.

Não deixa de ser significativa a acusação de Friedrich Nietzsche aos cristãos: "Teriam que cantar-me cantos mais alegres. Seria necessário que tivessem rostos de salvos para que eu cresse em seu Salvador". Essas palavras, tantas vezes citadas, são um bom indício do que sentem não poucos diante de um cristianismo que lhes parece muito triste, sombrio e envelhecido.

Digamos logo que a alegria do cristão não é fruto do bem-estar material ou do gozo de uma boa saúde, nem nasce de um temperamento otimista. É consequência de uma fé viva no Deus salvador, manifestado em Jesus Cristo.

Como lembra o teólogo ortodoxo P. Evdokimov em seu apaixonante livro *O amor louco de Deus,* Jesus pede a seus discípulos que vivam com uma grande alegria "pelo único e assombroso fato de que Deus existe". Esta alegria não é apenas um sentimento, é uma maneira de estar na vida, um modo de entender e viver tudo, inclusive os momentos maus. É experimentar dia a dia a verdade das palavras de Jesus: "Permanecei em meu amor... Disse-vos isto para que minha alegria esteja convosco e vossa alegria seja completa".

São muitos os cristãos que não dão importância à alegria. Parece-lhes algo secundário e até supérfluo, e não há por que ocupar-nos com isto. Grave erro. Sem alegria é difícil amar, trabalhar, criar, viver algo grande. Sem alegria é impossível uma adesão viva a Cristo. A alegria é, de alguma maneira, "o rosto de Deus no ser humano", segundo o belo título de um livro recente do escritor A. Goettmann.

Cristo é sempre fonte de alegria e paz interior. Quem o segue de perto o sabe e, por sua vez, converte-se em fonte de alegria para outros, pois a alegria cristã é contagiosa.

Alegria diferente

As primeiras gerações cristãs cuidavam muito da alegria. Parecia-lhes impossível viver de outra maneira. As cartas de Paulo de Tarso, que circulavam pelas comunidades, repetiam constantemente o convite a "estar alegres no Senhor". O Evangelho de João põe nos lábios de Jesus estas palavras inesquecíveis: "Disse-vos estas coisas para que minha alegria esteja convosco e vossa alegria seja completa".

O que poderá ter ocorrido para que a religião dos cristãos apareça hoje diante de muitos como algo triste, enfadonho e penoso? Em que convertemos a adesão a Cristo ressuscitado? O que houve com essa alegria que Jesus transmitia a seus seguidores? Onde está ela? A alegria não é algo secundário na vida de um cristão. É um traço característico, a única maneira de seguir e de viver a Jesus. Ainda que nos pareça "normal", é realmente estranho "praticar" a religião cristã sem experimentar que Cristo é fonte de alegria vital.

Esta alegria do crente não é fruto de um temperamento otimista, nem resultado de um bem-estar tranquilo. Não deve ser confundida com uma vida sem problemas ou conflitos. Todos sabemos que um cristão experimenta a dureza da vida com a mesma crueza e a mesma fragilidade que qualquer outro ser humano.

O segredo desta alegria está em outro lugar: está além da alegria que se experimenta quando "as coisas vão bem". Paulo de Tarso diz que é "uma alegria no Senhor" que se vive quando estamos arraigados em Jesus. João diz mais: é a própria alegria de Jesus dentro de nós.

A alegria cristã nasce da união íntima com Jesus Cristo. Por isso não se manifesta de ordinário na euforia ou no otimismo a todo transe, mas se esconde humildemente no fundo da alma crente. É uma alegria que está na própria raiz da vida sustentada pela fé em Jesus.

Não se vive essa alegria de costas para o sofrimento que existe no mundo, pois é a alegria do próprio Jesus dentro de nós. Ao contrário, converte-se em princípio de luta contra a tristeza. Poucas coisas maiores e mais evangélicas podemos fazer do que aliviar o sofrimento das pessoas transmitindo-lhes alegria realista e esperança.

27
TESTEMUNHA DA VERDADE

Naquele tempo perguntou Pilatos a Jesus: "És tu o rei dos judeus?" Jesus respondeu: "Perguntas isto por ti mesmo, ou foram os outros que te disseram isto de mim?" Pilatos disse: "Por acaso eu sou um judeu? A tua nação e os sacerdotes te entregaram a mim: o que fizeste?" Jesus respondeu: "Meu reino não é deste mundo. Se fosse deste mundo, os meus ministros teriam lutado para que eu não fosse entregue aos judeus. Mas o meu reino não é daqui". Pilatos disse-lhe então: "Logo, tu és rei?" Jesus respondeu: "Tu o dizes: eu sou rei. Para isso nasci e para isso vim ao mundo: para dar testemunho da verdade. Todo aquele que é da verdade ouve a minha voz" (Jo 18,33-37).

DIANTE DA TESTEMUNHA DA VERDADE

Dentro do processo em que vai ser decidida a execução de Jesus, o Evangelho de João oferece um surpreendente diálogo privado entre Pilatos, representante do império mais poderoso da terra, e Jesus, um réu de mãos atadas que se apresenta como testemunha da verdade.

Parece que Pilatos quer saber precisamente a verdade que se encerra naquele estranho personagem que está diante de seu trono: "És tu o rei dos judeus?" Jesus vai responder expondo sua verdade em duas afirmações fundamentais, muito queridas ao evangelista João.

"Meu reino não é deste mundo". Jesus não é rei do modo que Pilatos pode imaginar. Não pretende ocupar o trono de Israel nem disputar o poder imperial de Tibério. Jesus não pertence a este sistema no qual se move o prefeito de Roma, sustentado pela injustiça e pelo poder. Não se apoia na força das armas. Tem um fundamento completamente diferente. Sua realeza provém do amor de Deus ao mundo.

Mas acrescenta em seguida algo muito importante: "eu sou rei... e vim a este mundo para ser testemunha da verdade". É neste mundo que Ele quer exercer sua realeza, mas de uma forma surpreendente. Não vem governar como Tibério, mas ser "testemunha da verdade", introduzindo o amor e a justiça de Deus na história humana.

Esta verdade que Jesus traz consigo não é uma doutrina teórica. É um chamado que pode transformar a vida das pessoas. Jesus já havia dito: "Se permanecerdes fiéis à minha palavra... conhecereis a verdade, e a verdade vos tornará livres". Ser fiéis ao Evangelho de Jesus é uma experiência que leva a conhecer uma verdade libertadora, capaz de tornar nossa vida mais humana.

Jesus Cristo é a única verdade da qual a nós cristãos nos é permitido viver. Será que não precisamos fazer um exame de consciência coletivo, na Igreja de Jesus, diante da "Testemunha da Verdade"? Atrever-nos a discernir com humildade o que há de verdade e o que há de mentira no nosso seguimento de Jesus? Onde há verdade libertadora e onde há mentira que nos escraviza? Não é necessário dar passos para maiores níveis de verdade humana e evangélica em nossas vidas, nossas comunidades e nossas instituições?

TESTEMUNHAS DA VERDADE

O julgamento de Jesus teve lugar no palácio em que reside o prefeito romano quando vem a Jerusalém. Acaba de amanhecer. Pilatos ocupa o trono do qual dita suas sentenças. Jesus comparece de mãos atadas como um delinquente. Ali estão, frente a frente, o representante do império mais poderoso e o profeta do reino de Deus.

Pilatos acha incrível que aquele homem tente desafiar Roma. "Então, tu és rei?" Jesus é bem claro: "Meu reino não é deste mundo". Não pertence a nenhum sistema injusto deste mundo. Jesus não pretende ocupar nenhum trono. Não busca poder nem riqueza. Mas não lhe oculta a verdade: "Sou rei". Vim a este mundo para introduzir a verdade. Se seu reino fosse desse mundo, teria "guardas" que lutariam por Ele com armas. Mas seus seguidores não são "legionários", mas "discípulos" que escutam sua mensagem e se dedicam a implantar verdade, justiça e amor no mundo.

O reino de Jesus não é o de Pilatos. O prefeito vive para extrair as riquezas dos povos e levá-las para Roma. Jesus vive "para ser testemunha da verdade". Sua vida é todo um desafio: "Todo aquele que é da verdade escuta minha voz". Pilatos não é da verdade. Não escuta a voz de Jesus. Dentro de algumas horas tentará apagá-la para sempre.

O seguidor de Jesus não é "guardião" da verdade, mas "testemunha". Sua tarefa não é disputar, combater e derrotar os adversários, mas viver a verdade do Evangelho e comunicar a experiência de Jesus que está mudando sua vida.

O cristão também não é "proprietário" da verdade, mas testemunha. Não impõe sua doutrina, não controla a fé dos outros, não pretende ter razão em tudo. Vive convertendo-se a Jesus, transmite a atração que sente por Ele, ajuda a olhar para o Evangelho, introduz em toda parte a verdade de Jesus. A Igreja atrairá as pessoas quando elas puderem ver que nosso rosto se parece com o de Jesus e que nossa vida lembra a de Jesus.

BUSCAR A DEUS DE NOVO

Nem todos que abandonaram a prática religiosa têm a mesma postura diante de Deus. Alguns recusam todo contato com o religioso. Deus é para eles um ser incômodo do qual preferem prescindir. Outros vivem absolutamente despreocupados destas coisas; basta-lhes ir resolvendo os problemas de cada dia: Deus não tem lugar em sua vida. Há, porém, um número crescente de não praticantes nos quais começa a despertar uma inquietação religiosa.

Não é fácil expressar o que sentem nem o que buscam. Certamente não estão pensando em voltar ao cristianismo que um dia conheceram e que, por uma razão ou outra, abandonaram. Sua busca se situa agora em outro nível. Andam atrás de algo que nem eles mesmos sabem definir com precisão. O que conhecem da Igreja lhes parece excessivamente complicado. A linguagem eclesiástica lhes é estranha. Também não os convence muito a vida dos cristãos praticantes que conhecem. Mas sentem necessidade de algo que dê mais coerência e sentido à sua vida.

No fundo de tudo está a questão de Deus. A maioria não duvida que Deus existe. Mas, como é esse Deus do qual tanto fala a Igreja? É um Deus terrível e perigoso, no qual nunca se pode confiar de todo? É um Deus bom que entende nossa fraqueza e busca sempre o nosso bem?

Mas, com quem falar sobre tudo isto? Ao que se afastou da Igreja não é fácil aproximar-se de um sacerdote. É normal. Se ao menos pudesse falar com toda confiança com algum amigo cristão... Porque seria bom escutar a experiência de alguém que vive com alegria sua fé para esclarecer equívocos, desfazer preconceitos ou expor as próprias dúvidas.

Seja como for, o importante são os passos que a própria pessoa vai dando por dentro. Há questões que é bom esclarecer. Por que abandonei o contato com a religião? Será que me fez bem afastar-me de Deus? Agora que sei o que é viver de costas para a fé, será que quero terminar assim minha vida? Não preciso encontrar-me com um Deus Amigo?

Há pessoas que se afastam muito de tudo que é religioso, mas também não têm nada contra Deus. Neste momento não sabem rezar; esqueceram as palavras do Pai-nosso; não lhes sai nenhuma oração. É difícil dizer a Deus: "Tu me conheces e me entendes. Ajuda-me a viver. Ensina-me a crer?" Pode parecer algo trivial e, no entanto, uma invocação sincera a Deus pode significar uma mudança interior importante. As palavras de Jesus são alentadoras: "Todo aquele que é da verdade escuta a minha voz".

COM VERDADE

É raro encontrar uma pessoa que pode viver a vida inteira sem nunca perguntar-se sobre o sentido da vida. Por mais frívolo que seja o decorrer de seus dias, cedo ou tarde acontecem "momentos de ruptura" que podem fazer brotar na pessoa perguntas fundamentais sobre o problema da vida.

Há horas de intensa felicidade que nos obrigam a perguntar-nos por que a vida nem sempre é felicidade e plenitude. Momentos de desgraça que despertam em nós pensamentos sombrios: por que tanto sofrimento? Será que vale a pena viver? Instantes de maior lucidez que nos levam a questões fundamentais. Quem sou eu? O que é a vida? O que me espera?

Cedo ou tarde, de uma maneira ou de outra, chegará um dia em que toda pessoa acabará por perguntar-se pelo sentido da vida. Tudo pode parar aí, mas pode também despertar de maneira calada, mas inevitável, a questão de Deus. As reações podem então ser bem diversas.

Existem os que já abandonaram há muito tempo, se não a Deus, pelo menos um mundo de coisas que tinham relação com Deus: a Igreja, a missa dominical, os dogmas. Pouco a pouco foram se desprendendo de algo que já não lhes despertava nenhum interesse. Abandonado todo esse mundo religioso, o que fazer agora diante da questão de Deus?

Outros abandonaram inclusive a ideia de Deus. Não têm necessidade dele. Parece-lhes algo inútil e supérfluo. Deus não lhes traria nada de positivo. Ao contrário, têm a impressão de que lhes complicaria a vida. Aceitam a vida tal como ela é, e seguem seu caminho sem preocupar-se excessivamente com o final.

Outros ainda vivem envoltos na incerteza. Não estão seguros de nada: o que é crer em Deus? Como pode alguém relacionar-se com Ele? Quem sabe algo sobre essas coisas? No entanto, Deus não se impõe, não força do exterior com provas nem evidências. Não se revela de dentro com luzes ou revelações. Só é silêncio, oportunidade, convite respeitoso...

Condição primeira diante de Deus é sermos honestos. Não andar eludindo sua presença com argumentos pouco sinceros. Quem se esforça por buscar a Deus com honradez e verdade, não está longe dele. Não devemos esquecer aquelas palavras de Jesus que podem iluminar aqueles que vivem na incerteza religiosa: "Todo aquele que é da verdade escuta a minha voz".

Contra a mentira

Não é raro escutar alguém que defende o direito à verdade. A pessoa se pergunta por que não se ouvem em nossa sociedade gritos de protesto contra a mentira, ao menos com a mesma força com que se grita contra a injustiça. Será que não estamos conscientes da mentira que nos envolve por toda parte? Será que, quando exigimos justiça, nos sentimos só vítimas e nunca opressores? Será que para gritar contra a mentira, a hipocrisia e o engano é necessário viver com um mínimo de sinceridade pessoal?

A mentira é hoje um dos pressupostos mais firmes de nossa convivência social. O mentir é aceito como algo necessário, tanto no complexo mundo do trabalho político e na informação social, como na "pequena comédia" de nossas relações pessoais de cada dia.

Todos nós nos vemos hoje obrigados a pensar, decidir e atuar envoltos numa névoa de mentira e falsidade. Indefesos diante de um cerco de enganos, falácias e embustes do qual é difícil libertar-se. Como saber a "verdade" que se oculta por trás das decisões políticas dos diversos partidos? Como descobrir os verdadeiros interesses que se encerram nas campanhas e ações que se nos pede defender ou recusar? Como agir com lucidez no meio da informação deformada, parcial e interessada que diariamente nos vemos obrigados a consumir?

Dir-se-ia que a mentira é necessária para atuar com eficácia na construção de uma sociedade mais livre e mais justa. Mas, na verdade, será que há alguém que possa garantir que estamos fazendo um mundo mais humano quando, a partir dos centros de poder, se oculta a verdade, quando entre nós se utiliza a calúnia para destruir o adversário, quando se obriga o povo a ser protagonista de sua história a partir de uma situação de engano e de ignorância?

No fundo de todo ser humano há uma busca de verdade e dificilmente se construirá algo verdadeiramente humano sobre a mentira ou a falsidade. Na mensagem de Jesus há um apelo para viver na verdade diante de Deus, diante de si mesmo e diante dos outros. "Eu vim para ser testemunha da verdade. Todo aquele que é da verdade escuta a minha voz".

Não é absurdo que se tornem a ouvir em nossa sociedade aquelas palavras inesquecíveis de Jesus que são um desafio e uma promessa para toda pessoa que busca sinceramente uma sociedade mais humana: "A verdade vos libertará" (Jo 8,32).

28

MISTÉRIO DE ESPERANÇA

No primeiro dia da semana, Maria Madalena veio ao sepulcro bem de madrugada, quando ainda estava escuro, e viu que a pedra tinha sido removida do sepulcro. Então foi correndo até onde estava Simão Pedro e o outro discípulo a quem Jesus amava e disse-lhes: "Tiraram o Senhor do sepulcro e não sabemos onde o puseram". Pedro saiu com o outro discípulo e foram ao sepulcro. Corriam juntos, mas o outro discípulo correu mais depressa do que Pedro e chegou primeiro. Inclinando-se, viu as faixas de linho no seu lugar, mas não entrou. Depois chegou Simão Pedro, entrou no sepulcro e viu as faixas de linho no seu lugar e o sudário que tinha estado sobre a cabeça de Jesus. O sudário não estava com as faixas de linho, mas enrolado num lugar à parte. O outro discípulo que chegou primeiro entrou também, viu e acreditou. De fato, eles ainda não se haviam dado conta da Escritura, segundo a qual era preciso que Jesus ressuscitasse dos mortos (Jo 20,1-9).

ONDE BUSCAR AQUELE QUE VIVE?

A fé em Jesus, ressuscitado pelo Pai, não brotou de maneira natural e espontânea no coração dos discípulos. Antes de encontrar-se com Ele, cheio de vida, os evangelistas falam de seu desconcerto, sua busca em torno do sepulcro, suas interrogações e incertezas.

Maria de Mágdala é o melhor exemplo do que acontece provavelmente com todos. Segundo o relato de João, ela busca o Crucificado no meio de trevas, "quando ainda estava escuro". Como é natural, a busca "no sepulcro". Ainda não sabe que a morte foi vencida. Por isso o vazio do sepulcro a deixa desconcertada. Sem Jesus ela se sente perdida.

Os outros evangelistas relatam outra tradição que descreve a busca de todo o grupo de mulheres. Elas não conseguem esquecer o Mestre que as acolheu como discípulas: seu amor vai levá-las até o sepulcro. Não encontram Jesus ali, mas escutam a mensagem que lhes indica para onde deverão orientar sua busca: "Por que buscais entre os mortos aquele que vive? Não está aqui. Ressuscitou".

A fé em Cristo ressuscitado também não nasce hoje em nós de forma espontânea, só porque ouvimos desde crianças catequistas e pregadores. Para abrir-nos à fé na ressurreição de Jesus temos de fazer nosso próprio percurso. É decisivo não esquecer Jesus, amá-lo com paixão e buscá-lo com todas as nossas forças, mas não no mundo dos mortos. Aquele que vive deve ser buscado onde há vida.

Se quisermos encontrar-nos com Cristo ressuscitado, cheio de vida e de força criadora, devemos buscá-lo não numa religião morta, reduzida ao cumprimento e à observância externa de leis e normas, mas onde se vive segundo o Espírito de Jesus, acolhido com fé, com amor e com responsabilidade por seus seguidores.

Temos que buscá-lo não entre cristãos divididos e enfrentados em lutas estéreis, vazias de amor a Jesus e de paixão pelo Evangelho, mas onde vamos construindo comunidades que colocam Cristo em seu centro, porque sabem que "onde estão reunidos dois ou três em seu nome, ali está Ele".

Não vamos encontrar aquele que vive numa fé estagnada e rotineira, gasta por todo tipo de lugares comuns e fórmulas vazias de experiência, mas buscando uma qualidade nova em nossa relação com Ele e em nossa identificação com seu projeto. Um Jesus apagado e inerte, que não apaixona nem seduz, que não toca os corações nem transmite sua liberdade, é um "Jesus morto". Não é o Cristo vivo, ressuscitado pelo Pai. Não é aquele que vive e faz viver.

Jesus tinha razão

Nós, seguidores de Jesus, o que sentimos quando nos atrevemos a crer de verdade que Deus ressuscitou Jesus? O que vivemos enquanto seguimos caminhando atrás de seus passos? Como nos comunicamos com Ele quando o experimentamos cheio de vida?

Jesus ressuscitado, tinhas razão. É verdade tudo que nos disseste de Deus. Agora sabemos que Ele é um Pai fiel, digno de toda confiança. Um Deus que nos ama além da morte. Vamos continuar chamando-o de "Pai" com mais fé do que nunca, como Tu nos ensinaste. Sabemos que não nos frustrará.

Jesus ressuscitado, tinhas razão. Agora sabemos que Deus é amigo da vida. Agora começamos a entender melhor tua paixão por uma vida mais saudável, mais justa e feliz para todos. Agora compreendemos por que antepunhas a saúde dos enfermos a qualquer lei ou tradição religiosa. Seguindo teus passos, vamos viver curando a vida e aliviando o sofrimento. Vamos pôr sempre a religião a serviço das pessoas.

Jesus ressuscitado, tinhas razão. Agora sabemos que Deus faz justiça às vítimas inocentes: faz triunfar a vida sobre a morte, o bem sobre o mal, a verdade sobre a mentira, o amor sobre o ódio. Vamos continuar lutando contra o mal, a mentira e os abusos. Buscaremos sempre o reino desse Deus e sua justiça. Sabemos que isto é o primordial que o Pai quer de nós.

Jesus ressuscitado, tinhas razão. Agora sabemos que Deus se identifica com os crucificados, nunca com os verdugos. Começamos a entender por que estavas sempre com os doentes e por que defendias tanto os pobres, os famintos e desprezados. Vamos defender os mais fracos e vulneráveis, os maltratados pela sociedade e esquecidos pela religião. Daí em diante vamos ouvir melhor teu apelo a sermos compassivos como o Pai do céu.

Jesus ressuscitado, tinhas razão. Agora começamos a entender um pouco tuas palavras mais duras e estranhas. Começamos a intuir que quem perde sua vida por ti e por teu Evangelho, a salvará. Agora compreendemos por que nos convidas a seguir-te até o final carregando cada dia a cruz. Vamos continuar sofrendo um pouco por ti e por teu Evangelho, mas o quanto antes compartilharemos contigo o abraço do Pai.

Jesus ressuscitado, tinhas razão. Agora estás vivo para sempre e te tornas presente no meio de nós quando nos reunimos dois ou três em teu nome. Agora sabemos que não estamos sós, que Tu nos acompanhas enquanto caminhamos para o Pai. Vamos ouvir tua voz quando lermos teu Evangelho. Vamos alimentar-nos de ti quando celebrarmos tua ceia. Estarás conosco até o fim dos tempos.

O NOVO ROSTO DE DEUS

Os discípulos de Jesus já não são mais os mesmos. O encontro com Jesus, cheio de vida, depois de sua execução, transformou-os totalmente. Eles começaram a vê-lo de maneira nova. Deus era o ressuscitador de Jesus. De pronto tiraram as consequências.

Deus é amigo da vida. Agora não restava mais nenhuma dúvida. O que Jesus havia dito era verdade: "Deus não é um Deus dos mortos, mas dos vivos". Os humanos poderão destruir a vida de mil maneiras, mas, se Deus ressuscitou Jesus, isto significa que Ele só quer a vida para seus filhos. Não estamos sós nem perdidos diante da morte. Podemos contar com um Pai que, acima de tudo, inclusive acima da morte, quer ver-nos cheios de vida. Daí em diante só há uma maneira cristã de viver que assim se resume: trazer vida onde outros trazem morte.

Deus é dos pobres. Jesus o havia dito de muitas maneiras, mas não era fácil acreditar nele. Agora é diferente. Se Deus ressuscitou Jesus, quer dizer que é verdade: "Felizes os pobres, porque têm a Deus". A última palavra não é de Tibério nem de Pilatos, a última decisão não é de Caifás nem de Anás. Deus é o último defensor dos que não interessam a ninguém. Só existe uma maneira de parecer-se com Ele: defender os pequenos e indefesos.

Deus ressuscita os crucificados. Deus reagiu diante da injustiça criminal daqueles que crucificaram Jesus. Se Ele o ressuscitou, é porque quer introduzir justiça diante de tanto abuso e crueldade que se comete no mundo. Deus não está do lado dos que crucificam, está com os crucificados. Só há uma maneira de imitá-lo: estar sempre junto dos que sofrem, lutar sempre contra os que fazem sofrer. Deus secará nossas lágrimas. Deus ressuscitou Jesus. O rejeitado por todos foi acolhido por Deus. O desprezado foi glorificado. O morto está mais vivo do que nunca. Agora sabemos como é Deus. Um dia Ele "enxugará todas as nossas lágrimas, e não haverá mais morte, não haverá gritos nem fadigas. Tudo isto terá passado".

As cicatrizes do ressuscitado

"Vós o matastes, mas Deus o ressuscitou". Isto é o que pregam com fé os discípulos de Jesus pelas ruas de Jerusalém, poucos dias depois de sua execução. Para eles, a ressurreição é a resposta de Deus à ação injusta e criminal daqueles que quiseram calar para sempre sua voz e destruir pela raiz seu projeto de um mundo mais justo.

Não devemos esquecer nunca que no cerne de nossa fé há um Crucificado a quem Deus deu razão. No próprio centro da Igreja há uma vítima à qual Deus fez justiça. Uma vida "crucificada", mas vivida com o espírito de Jesus, não terminará em fracasso, mas em ressurreição.

Isto muda totalmente o sentido de nossos esforços, penas, trabalhos e sofrimentos por um mundo mais humano e uma vida mais feliz para todos. Viver pensando nos que sofrem, estar perto dos mais desvalidos, dar uma mão aos indefesos... seguir os passos de Jesus, não é algo absurdo. É caminhar para o Mistério de um Deus que ressuscitará para sempre nossas vidas.

Os pequenos abusos que possamos padecer, as injustiças, rejeições ou incompreensões que possamos sofrer são feridas que um dia cicatrizarão para sempre. Temos de aprender a olhar com mais fé as cicatrizes do Ressuscitado. Assim serão um dia nossas feridas de hoje: cicatrizes curadas por Deus para sempre.

Esta fé nos sustenta por dentro e nos faz mais fortes para continuar correndo riscos. Pouco a pouco vamos aprendendo a não queixar-nos tanto, a não viver sempre nos lamentando do mal que há no mundo e na Igreja, a não sentir-nos sempre vítimas dos outros. Por que não podemos viver como Jesus dizendo: "Ninguém me tira a vida, sou eu que a dou"?

Seguir o Crucificado até compartilhar com Ele a ressurreição é, em última análise, aprender a "dar a vida", o tempo, nossas forças e, talvez, nossa saúde por amor. Não nos faltarão feridas, cansaço e trabalho árduo. Mas uma esperança nos sustenta: um dia "Deus enxugará as lágrimas de nossos olhos, então não haverá mais morte nem pranto, nem gritos, nem fadigas, porque todo este velho mundo terá passado".

Mistério de esperança

Crer no Ressuscitado é resistir a aceitar que nossa vida é somente um pequeno parêntese entre dois vazios. Apoiando-nos em Jesus ressuscitado por Deus, intuímos, desejamos e cremos que Deus está conduzindo para sua verdadeira plenitude o anseio de vida, de justiça e de paz que se encerra no coração da humanidade e em toda criação.

Crer no Ressuscitado é rebelar-nos com todas as nossas forças contra o fato de que essa imensa maioria de homens, mulheres e crianças, que só conheceram miséria, humilhação e sofrimentos nesta vida, fique esquecida para sempre.

Crer no Ressuscitado é confiar numa vida na qual já não haverá pobreza nem dor, ninguém estará triste, ninguém terá que chorar. Finalmente, poderemos ver os que vêm em barcos chegar à sua verdadeira pátria. Crer no Ressuscitado é aproximar-nos com esperança de tantas pessoas sem saúde, enfermos crônicos, deficientes físicos e psíquicos, pessoas submersas na depressão, cansadas de viver e de lutar. Um dia todos conhecerão o que é viver em paz e em plena saúde. Escutarão as palavras do Pai: "Entra para sempre no gozo de teu Senhor".

Crer no Ressuscitado é não resignar-nos a que Deus seja para sempre um "Deus oculto", do qual não possamos conhecer o olhar, a ternura e seus abraços. Vamos encontrá-lo encarnado para sempre gloriosamente em Jesus. Crer no Ressuscitado é confiar que nossos esforços por um mundo mais humano e feliz não se perderão no vazio. Um dia feliz: os últimos serão os primeiros e as prostitutas nos precederão no reino.

Crer no Ressuscitado é saber que tudo o que aqui ficou pela metade, o que não pode ser, o que ficou estropiado com nosso torpor ou nosso pecado, tudo alcançará em Deus sua plenitude. Nada se perderá do que vivemos com amor ou do que renunciamos por amor.

Crer no Ressuscitado é esperar que as horas alegres e as experiências amargas, as "impressões" que deixamos nas pessoas e nas coisas, o que construímos com amor, tudo ficará transfigurado. Já não conheceremos a amizade que termina, a festa que acaba, nem a despedida que entristece. Deus será tudo em todos.

Crer no Ressuscitado é crer que um dia vamos ouvir estas incríveis palavras que o livro do Apocalipse põe nos lábios de Deus: "Eu sou o princípio e o fim de tudo. A quem tiver sede, darei gratuitamente da fonte da água da vida". Não haverá mais luto nem pranto, não haverá mais dor, nem fadigas, porque tudo isso terá passado.

29

SOPRO DE VIDA

Na tarde do mesmo dia, que era o primeiro da semana, estando trancadas as portas do lugar onde estavam os discípulos, por medo dos judeus, Jesus chegou, pôs-se no meio deles e disse: "A paz esteja convosco". Dito isto, mostrou-lhes as mãos e o lado. Os discípulos se alegraram ao ver o Senhor. Jesus disse-lhes de novo: "A paz esteja convosco. Como o Pai me enviou, assim também eu vos envio". Após estas palavras, soprou sobre eles e disse:" Recebei o Espírito Santo. A quem perdoardes os pecados serão perdoados. A quem não perdoardes os pecados não serão perdoados" (Jo 20,19-23).

SOPRO DE VIDA

Os hebreus se faziam uma ideia muito bela e real do mistério da vida. Assim descreve a criação do homem um antigo relato, muitos séculos anterior a Cristo: "O Senhor Deus modelou o homem do barro da terra. Depois soprou-lhe nas narinas o sopro da vida. E assim o homem se converteu num (ser) "vivente".

É o que diz a experiência: o ser humano é barro. Pode desmoronar a qualquer momento. Como caminhar com pés de barro? Como olhar a vida com olhos de barro? Como amar com coração de barro? No entanto, este barro vive! Em seu interior há um sopro que o faz viver. É o Sopro de Deus. Seu Espírito vivificador.

No final de seu Evangelho, João descreveu uma cena grandiosa. É o momento culminante de Jesus ressuscitado. Segundo o relato, o nascimento da Igreja é uma "nova criação". Ao enviar seus discípulos, Jesus "sopra seu sopro sobre eles e lhes diz: Recebei o Espírito Santo".

Sem o Espírito de Jesus, a Igreja é barro sem vida: uma comunidade incapaz de introduzir esperança, consolo e vida no mundo. Pode pronunciar palavras sublimes sem comunicar o sopro de Deus aos corações. Pode falar com segurança e firmeza sem afiançar a fé das pessoas. Onde vai ela tirar esperança, se não do sopro de Jesus? Como vai defender-se da morte sem o Espírito do Ressuscitado?

Sem o Espírito criador de Jesus, podemos acabar vivendo numa Igreja que se fecha a toda renovação: não é permitido sonhar com grandes novidades; o mais certo é uma religião estática e controlada, que mude o menos possível; o que temos recebido de outros tempos é também o melhor para nós. Nossas gerações devem celebrar sua fé vacilante com a linguagem e os ritos de muitos séculos atrás. Os caminhos estão traçados. Não há que perguntar-se por quê.

Como não gritar com força: "Vem, Espírito Santo! Vem à tua Igreja. Vem libertar-nos do medo, da mediocridade e da falta de fé em tua força criadora"? Não temos que olhar os outros. Cada um de nós tem que abrir seu próprio coração.

Novo começo

Apavorados com a execução de Jesus, os discípulos se refugiaram numa casa conhecida. Estão de novo reunidos, mas Jesus não está mais com eles. Na comunidade há um vazio que ninguém pode preencher. Falta-lhes Jesus. Não podem escutar suas palavras cheias de fogo. Não podem vê-lo abençoando com ternura os desgraçados. A quem seguirão agora?

Está anoitecendo em Jerusalém e também em seu coração. Ninguém pode consolar sua tristeza. Pouco a pouco, o medo vai tomando conta de todos, mas não têm Jesus para que fortaleça seu ânimo. A única coisa que lhes dá uma certa segurança é "fechar as portas". Ninguém mais pensa em sair pelos caminhos para anunciar o reino de Deus e curar a vida. Sem Jesus, como vão transmitir sua Boa Notícia?

O evangelista João descreve de maneira insuperável a transformação que se opera nos discípulos quando Jesus, cheio de vida, se faz presente no meio deles. O ressuscitado está de novo no centro de sua comunidade. Assim há de ser para sempre. Com Ele tudo é possível: libertar-nos do medo, abrir as portas e pôr a caminho a evangelização.

Segundo o relato, o que Jesus infunde primeiro em sua comunidade é sua paz. Nenhuma censura por tê-lo abandonado, nenhuma queixa nem reprovação. Só paz e alegria. Os discípulos sentem seu sopro criador. Tudo começa de novo. Impulsionados por seu Espírito, continuarão colaborando ao longo dos séculos no mesmo projeto salvador que o Pai encomendou a Jesus.

O que a Igreja de hoje precisa não é só de reformas religiosas e apelos à comunhão. Precisamos experimentar em nossas comunidades um "novo começo", a partir da presença viva de Jesus no meio de nós. Só Ele há de ocupar o centro da Igreja. Só Ele pode impulsionar a comunhão. Só Ele pode renovar nossos corações.

Não bastam nossos esforços e trabalhos. É Jesus quem pode desencadear a mudança de horizonte, a libertação do medo e da apreensão, o clima novo de paz e serenidade de que tanto necessitamos para abrir as portas e sermos capazes de compartilhar o Evangelho com os homens e mulheres do nosso tempo.

Mas temos de aprender a acolher com fé a presença de Jesus no meio de nós. Quando Ele torna a apresentar-se, depois de oito dias, o narrador nos diz que as portas ainda continuavam fechadas. Não é só Tomé que deve aprender a crer com confiança no Ressuscitado. Também os outros discípulos devem ir superando aos poucos as dúvidas e medos que ainda os fazem viver com as portas fechadas à evangelização.

BARRO ANIMADO PELO ESPÍRITO

João teve um cuidado especial com a cena em que Jesus vai confiar a seus discípulos sua missão. Ele quer deixar bem claro o que é essencial. Jesus está no centro da comunidade, cumulando todos com sua paz e alegria. Mas aos discípulos, espera-lhes uma missão. Jesus não os convidou só para desfrutar dele, mas para fazê-lo presente no mundo.

Jesus os "envia". Não lhes diz em concreto a quem devem ir, o que devem fazer ou como hão de atuar: "Como o Pai me enviou, assim também eu vos envio". Sua tarefa é a mesma de Jesus. Não têm outra: a que Jesus recebeu do Pai. Eles têm que ser no mundo o que Ele foi.

Eles viram de quem Ele se aproximava. Como Ele tratava os mais desvalidos, como levou adiante seu projeto de humanizar a vida, como semeou gestos de libertação e de perdão. As feridas de suas mãos e seu lado lembram-lhes sua entrega total. Jesus os envia agora para que "reproduzam" sua presença entre as pessoas do mundo inteiro.

Mas sabe que seus discípulos são frágeis. Mais de uma vez ficou surpreso com sua "pouca fé". Precisam de seu próprio Espírito para cumprir sua missão. Por isso dispõe-se a fazer com eles um gesto muito especial. Não lhes impõe as mãos, nem os abençoa, como fazia com os enfermos e os pequenos: "Sopra sobre eles e lhes diz: "Recebei o Espírito Santo".

O gesto de Jesus tem uma força que nem sempre sabemos captar. Segundo a tradição bíblica, Deus modelou Adão com barro; depois soprou sobre Ele seu "sopro de vida"; e aquele barro converteu-se num "vivente". Isso é o ser humano: um pouco de barro animado pelo espírito de Deus. E a Igreja será sempre isso: barro animado pelo Espírito de Jesus.

Crentes frágeis e de pouca fé: cristãos de barro, teólogos de barro, sacerdotes e bispos de barro, comunidades de barro... Só o Espírito de Jesus nos converte em Igreja viva. As zonas em que seu Espírito não é acolhido permanecem "mortas". Prejudicam a todos nós, pois nos impedem de atualizar sua presença viva entre nós. Muitos não podem captar em nós a paz, a alegria e a vida renovada por Cristo. Não devemos batizar só com água, mas infundir o Espírito de Jesus. Não só temos de falar de amor, mas amar as pessoas como Ele as amou.

ACOLHER A VIDA

Falar do "Espírito Santo" é falar do que podemos experimentar de Deus em nós. O "Espírito" de Deus atuando em nossa vida: a força, a luz, o alento, a paz, o consolo, o fogo que podemos experimentar em nós e cuja origem última está em Deus, fonte de toda vida.

Esta ação de Deus em nós se produz quase sempre de forma discreta, silenciosa e calada; o próprio crente só intui uma presença quase imperceptível. Às vezes, porém, nos invade a certeza, a alegria transbordante e a confiança total: Deus existe, nos ama, tudo é possível, inclusive a vida eterna.

O sinal mais claro da ação do Espírito é a vida. Deus está onde a vida é despertada e cresce, onde se comunica e expande a vida. O Espírito Santo é sempre "doador de vida": dilata o coração, ressuscita o que está morto em nós, desperta o que dorme, põe em movimento o que ficou bloqueado. De Deus estamos sempre recebendo "nova energia para a vida" (Jürgen Moltmann).

Esta ação recriadora de Deus não se reduz somente a "experiências íntimas da alma". Penetra em todos os estratos da pessoa. Desperta nossos sentidos, vivifica o corpo e reaviva nossa capacidade de amar. Para dizê-lo em poucas palavras, o Espírito conduz a pessoa a viver tudo de forma diferente: a partir de uma verdade mais profunda, a partir de uma confiança maior, a partir de um amor mais desinteressado.

Para muitos, a experiência fundamental é o amor de Deus e o dizem com uma frase bem simples: "Deus me ama". Essa experiência lhes devolve sua dignidade indestrutível, dá-lhes força para levantar-se da humilhação ou do desalento, ajuda-os a encontrar-se com o melhor de si mesmos.

Outros não pronunciam a palavra "Deus", mas experimentam uma "confiança fundamental" que os faz amar a vida apesar de tudo, enfrentar os problemas com ânimo, buscar sempre o que é bom para todos. Ninguém vive privado do Espírito de Deus. Em todos Ele está atraindo nosso ser para a vida. Acolhemos o "Espírito Santo" quando acolhemos a vida. Esta é uma das mensagens mais básicas da festa cristã de Pentecostes.

ABERTOS AO ESPÍRITO

Não falam muito, nem se fazem notar. Sua presença é modesta e calada, mas são "sal da terra". Enquanto houver no mundo essas mulheres e esses homens atentos ao Espírito de Deus, será possível continuar esperando. Eles são o melhor dom para uma Igreja ameaçada pela mediocridade espiritual.

Sua influência não provém do que fazem, nem do que falam ou escrevem, mas de uma realidade mais profunda. Encontram-se retirados nos mosteiros ou escondidos no meio da gente. Não se destacam por sua atividade e, não obstante, irradiam energia interior onde estão.

Não vivem de aparências. Sua vida nasce do mais profundo de seu ser. Vivem em harmonia consigo mesmos, atentos a fazer coincidir sua existência com o chamado do Espírito que os habita. Sem que eles mesmos se deem conta, são o reflexo do Mistério de Deus na terra.

Têm defeitos e limitações. Não estão imunizados contra o pecado. Mas não se deixam absorver pelos problemas e conflitos da vida. Voltam constantemente ao fundo de seu ser. Esforçam-se para viver na presença de Deus. Ele é o centro e a fonte que unifica seus desejos, palavras e decisões.

Basta colocar-se em contato com eles para tomar consciência da dispersão e agitação que há dentro de nós. Junto a eles é fácil perceber a falta de unidade interior, o vazio e a superficialidade de nossa vida. Eles nos fazem pressentir dimensões que desconhecemos.

Esses homens e mulheres abertos ao Espírito são fonte de luz e de vida. Sua influência é oculta e misteriosa. Estabelecem com os outros uma relação que nasce de Deus. Vivem em comunhão com pessoas que jamais viram. Amam com ternura e compaixão pessoas que não conhecem. Deus as faz viver em união profunda com a criação inteira.

No meio de uma sociedade materialista e superficial, que tanto desqualifica e maltrata os valores do espírito, quero trazer à memória esses homens e mulheres "espirituais". Eles nos lembram o anseio maior do coração humano e a Fonte última onde se apaga toda sede.

30
NÃO SEJAS INCRÉDULO

Ao entardecer daquele mesmo dia, que era o primeiro da semana, estando trancadas as portas do lugar onde estavam os discípulos, por medo dos judeus, Jesus chegou, pôs-se no meio deles e disse: "A paz esteja convosco". Dito isto, mostrou-lhes as mãos e o lado. Os discípulos se alegraram ao ver o Senhor. Jesus disse-lhes de novo: "A paz esteja convosco. Como o Pai me enviou, assim também eu vos envio". Após essas palavras, soprou sobre eles e disse: "Recebei o Espírito Santo. A quem perdoardes os pecados serão perdoados. A quem não perdoardes os pecados não serão perdoados".
Tomé, um dos Doze, chamado Dídimo, não estava com eles quando Jesus veio. Os outros discípulos lhe disseram: "Vimos o Senhor". Mas Ele respondeu: se eu não vir nas mãos os sinais dos cravos, e não puser o dedo no lugar dos cravos e minha mão no seu lado, não acreditarei". Oito dias depois, os discípulos estavam outra vez no mesmo lugar e Tomé com eles. Jesus entrou com as portas fechadas, pôs-se no meio deles e disse: "A paz esteja convosco". Depois disse a Tomé: "Põe aqui o dedo e olha as minhas mãos, estende a mão e põe no meu lado, e não sejas incrédulo, mas crente". Tomé respondeu: "Meu Senhor e meu Deus". Jesus lhe disse: "Porque me viste, acreditaste. Felizes os que não viram e creram".
Jesus ainda fez muitos outros sinais na presença dos discípulos, mas não foram escritos neste livro. Estes porém foram escritos para que creiais que Jesus é o Cristo, o Filho de Deus, e para que, crendo, tenhais a vida em seu nome (Jo 20,19-31).

Alegria e paz

Não era fácil aos discípulos expressar o que estavam vivendo. Podemos vê-los recorrer a todo tipo de recursos narrativos. O núcleo, porém, é sempre o mesmo: Jesus vive e está de novo com eles. Isto é o decisivo. Recuperam Jesus cheio de vida.

Os discípulos encontram-se com Ele, que os chamou e a quem eles abandonaram. As mulheres abraçam aquele que defendeu sua dignidade e as acolheu como amigas. Pedro chora ao vê-lo: já não sabe se o ama mais do que os outros, só sabe que o ama. Maria de Mágdala abre seu coração a quem a seduziu para sempre. Os pobres, as prostitutas e os indesejáveis o sentem de novo perto, como naquelas inesquecíveis refeições junto com Ele.

Já não será mais como na Galileia. Terão que aprender a viver da fé, encher-se de seu Espírito. Terão que recordar suas palavras e atualizar seus gestos. Mas Jesus, o Senhor, está com eles, cheio de vida para sempre.

Todos experimentam o mesmo: uma paz profunda e uma alegria que não se pode conter. As fontes evangélicas, sempre tão sóbrias para falar de sentimentos, o sublinham constantemente: o Ressuscitado desperta neles alegria e paz. Esta experiência é tão central que se pode dizer, sem exagerar, que desta paz e desta alegria nasceu a força evangelizadora dos seguidores de Jesus.

Onde está hoje essa alegria numa Igreja às vezes tão cansada, tão séria, tão pouco dada ao sorriso, com tão pouco humor e humildade para reconhecer seus problemas, seus erros e limitações? Onde está essa paz numa Igreja tão cheia de medos, tão obsessionada com seus próprios problemas, buscando tantas vezes sua própria defesa em vez de buscar a felicidade das pessoas?

Até quando vamos poder continuar defendendo nossas doutrinas de maneira tão monótona e aborrecida, se ao mesmo tempo não experimentamos a alegria de "viver em Cristo"? A quem atrairá nossa fé, se às vezes já não podemos nem dar a entender que vivemos dela?

E, se não vivemos do Ressuscitado, quem vai encher nosso coração, onde vamos alimentar nossa alegria? E, se falta a alegria que brota dele, quem vai comunicar "algo novo e bom" aos que duvidam, quem vai ensinar a crer de maneira mais viva, quem vai transmitir esperança aos que sofrem?

VIVER DE SUA PRESENÇA

O relato de João não pode ser mais sugestivo e interpelador. Só quando veem Jesus ressuscitado no meio deles, os discípulos se transformam. Recuperam a paz, seus medos desaparecem, enchem-se de uma alegria desconhecida, notam o sopro de Jesus sobre eles e abrem as portas, porque se sentem enviados a viver a mesma missão que Ele havia recebido do Pai.

A atual crise da Igreja, seus medos e sua falta de vigor espiritual têm sua origem num nível profundo. Com frequência a ideia da ressurreição de Jesus e de sua presença no meio de nós é mais uma doutrina pensada e pregada do que uma experiência vivida.

Cristo ressuscitado está no centro da Igreja, mas sua presença viva não está arraigada em nós, não está incorporada à substância de nossas comunidades, não nutre de ordinário nossos projetos. Depois de vinte séculos de cristianismo, Jesus não é conhecido e compreendido em sua originalidade. Não é amado nem seguido como o foi por seus primeiros discípulos e discípulas.

Assim que um grupo ou uma comunidade cristã se sente habitada por essa presença invisível, mas real e operante, de Cristo ressuscitado, isso se faz notar. Não se contentam com seguir rotineiramente as diretrizes que regulam a vida eclesial. Possuem uma sensibilidade especial para ouvir, buscar, recordar e aplicar o Evangelho de Jesus. São os espaços mais sãos e vivos da Igreja.

Nada nem ninguém pode trazer-nos hoje a força, a alegria e a criatividade de que necessitamos para enfrentar uma crise sem precedentes, como pode fazê-lo a presença viva de Cristo ressuscitado. Privados de seu vigor espiritual, não sairemos de nossa passividade quase inata, continuaremos com as portas fechadas ao mundo moderno, seguiremos fazendo "o mandado", sem alegria nem convicção. Onde encontraremos a força de que precisamos para recriar e reformar a Igreja? Temos que reagir. Precisamos de Jesus mais do que nunca. Precisamos viver de sua presença viva, recordar em toda ocasião seus critérios e seu Espírito, repensar constantemente sua vida, deixá-lo ser o inspirador de nossa ação. Ele pode transmitir-nos mais luz e mais força do que ninguém. Ele está no meio de nós comunicando-nos sua paz, sua alegria e seu Espírito.

ABRIR AS PORTAS

O Evangelho de João descreve com traços obscuros a situação da comunidade cristã quando em seu centro falta Cristo ressuscitado. Sem sua presença viva, a Igreja se converte num grupo de homens e mulheres que vivem "numa casa com as portas fechadas, por medo dos judeus".

Com as "portas fechadas" não se pode ouvir o que acontece lá fora. Não é possível captar a ação do Espírito no mundo. Não se abrem espaços de encontro e diálogo com ninguém. Apaga-se a confiança no ser humano e crescem os receios e preconceitos. Mas uma Igreja sem capacidade de dialogar é uma tragédia, pois os seguidores de Jesus são chamados a atualizar o eterno diálogo de Deus com o ser humano.

O "medo" pode paralisar a evangelização e bloquear nossas melhores energias. O medo nos leva a rejeitar e condenar. Com medo não é possível amar o mundo. Mas, se não o amamos, não o olhamos como Deus o olha. E, se não o olhamos com os olhos de Deus, como comunicaremos a Boa Notícia?

Se vivemos com as portas fechadas, quem deixará o redil para buscar as ovelhas perdidas? Quem se atreverá a tocar algum leproso excluído? Quem se sentará à mesa com pecadores ou prostitutas? Quem se aproximará dos esquecidos pela religião? Os que querem buscar o Deus de Jesus nos encontrarão com as portas fechadas.

Nossa primeira tarefa é deixar entrar o Ressuscitado através de tantas barreiras que levantamos para defender-nos do medo. Que Jesus ocupe o centro de nossas igrejas, grupos e comunidades. Que só Ele seja fonte de vida, de alegria e de paz. Que ninguém ocupe seu lugar, que ninguém se aproprie de sua mensagem. Que ninguém imponha um modo diferente do seu. Já não temos mais o poder de outros tempos. Sentimos a hostilidade e a rejeição em nosso entorno. Somos frágeis. Mais do que nunca, precisamos abrir-nos ao sopro do Ressuscitado para acolher seu Espírito Santo.

NÃO SEJAS INCRÉDULO, MAS CRENTE

A figura de Tomé, como discípulo que resiste a crer, foi muito popular entre os cristãos. No entanto, o relato evangélico diz muito mais deste discípulo cético. Jesus ressuscitado se dirige a Ele com palavras que têm muito de coação, mas também de convite amoroso: "Não sejas incrédulo, mas crente". Tomé, que leva uma semana resistindo a crer, responde a Jesus com a confissão de fé mais solene que podemos ler nos evangelhos: "Meu Senhor e meu Deus".

O que teria experimentado Tomé ao encontrar-se com Jesus ressuscitado? O que transformou este discípulo, até então duvidoso e vacilante? Que percurso interior o levou do ceticismo à confiança? O surpreendente é que, segundo o relato, Tomé até renuncia a verificar a verdade da ressurreição tocando as feridas de Jesus. O que o abre à fé é o próprio Jesus com seu convite.

Ao longo desses anos, mudamos muito por dentro. Tornamo-nos mais céticos, mas também mais frágeis. Ficamos mais críticos, mas também mais inseguros. Cabe a cada um de nós decidir como quer viver e como quer morrer. Cada um tem que responder a esse convite que, cedo ou tarde, de forma inesperada ou como fruto de um processo interior, pode chegar-nos de Jesus: "Não sejas incrédulo, mas crente".

Talvez tenhamos que despertar mais nosso desejo de verdade. Desenvolver essa sensibilidade interior que todos temos para perceber, além do visível e do tangível, a presença do Mistério que sustenta nossa vida. Não mais é possível viver como pessoas que sabem tudo. Não é verdade. Todos – crentes ou não, ateus e agnósticos – caminhamos pela vida envoltos em trevas. Como diz Paulo de Tarso, "buscamos Deus 'às apalpadelas'". Por que não defrontar-nos com o mistério da vida e da morte confiando no amor como última Realidade de tudo? Este é o convite decisivo de Jesus. Mais de um crente sente hoje que sua fé se converteu em algo cada vez mais irreal e menos fundamentado. Talvez agora, quando não podemos mais apoiar nossa fé em falsas seguranças, aprendamos a buscar a Deus com um coração mais humilde e sincero.

Não devemos esquecer que uma pessoa que deseja sinceramente crer, para Deus já é crente. Muitas vezes não é possível fazer muito mais. E Deus, que compreende nossa impotência e debilidade, tem seus caminhos para encontrar-se com cada um de nós para oferecer-nos sua salvação.

Percurso para a fé

Estando Tomé ausente, os discípulos de Jesus tiveram uma experiência inaudita. Quando veem Tomé chegar, imediatamente lhe comunicam cheios de alegria o que aconteceu: "Vimos o Senhor!" Tomé os ouve com ceticismo. Por que acreditaria em algo tão absurdo? Como podem dizer que viram Jesus cheio de vida, se Ele morreu crucificado? Em todo caso, será outro.

Os discípulos lhe dizem que Jesus lhes mostrou suas chagas das mãos e do lado. Tomé não pode aceitar o testemunho de ninguém. Precisa comprová-lo pessoalmente: "Se eu não vir em suas mãos o sinal dos cravos... e não meter a mão na chaga do lado, não acreditarei". Só vai crer em sua própria experiência.

Este discípulo que resiste a crer de maneira ingênua vai ensinar-nos – a nós que jamais vimos o rosto de Jesus, nem ouvimos suas palavras, nem sentimos seus abraços – o percurso que devemos fazer para chegar à fé em Cristo ressuscitado.

Oito dias depois, Jesus se apresenta de novo. Imediatamente dirige-se a Tomé. Não critica sua posição. Suas dúvidas não têm para Ele nada de ilegítimo ou escandaloso. Sua resistência a crer revela sua honestidade. Jesus o entende e vem a seu encontro mostrando-lhe suas feridas. Jesus se oferece para satisfazer suas exigências: "Aqui tens minhas mãos, põe teu dedo. Mete a tua mão no meu lado". Essas feridas, mais do que "provas" para verificar algo, não são "sinais" de seu amor entregue até a morte? Por isso Jesus o convida a aprofundar-se além de suas dúvidas: "Não sejas incrédulo, mas crente".

Tomé renuncia a fazer a comprovação. Já não sente necessidade de provas. Só experimenta a presença do Mestre que o ama, o atrai e o convida a confiar. Tomé, o discípulo que fez um percurso mais longo e trabalhoso que ninguém até encontrar-se com Jesus, chega mais longe que ninguém na profundidade de sua fé: "Meu Senhor e meu Deus!" Ninguém fez uma confissão como esta a Jesus.

Não devemos assustar-nos ao sentir que brotam em nós dúvidas e interrogações. As dúvidas vividas de maneira sadia nos resgatam de uma fé superficial que se contenta com repetir fórmulas, sem crescer em confiança e amor. As dúvidas nos estimulam a ir até o final em nossa confiança no Mistério de Deus encarnado em Jesus.

A fé cristã cresce em nós quando nos sentimos amados e atraídos por esse Deus cujo rosto podemos vislumbrar no relato que os evangelhos nos fazem de Jesus. Então, seu convite a confiar tem em nós mais força do que nossas próprias dúvidas. "Felizes os que não viram e creram".

31
TU ME AMAS?

Naquele tempo, Jesus tornou a mostrar-se aos discípulos junto ao mar de Tiberíades. E apareceu assim: Estavam juntos Simão Pedro e Tomé, chamado Dídimo, Natanael de Caná da Galileia, os filhos de Zebedeu e outros dois discípulos. Simão Pedro lhes disse: "Eu vou pescar". Os outros disseram: "Nós também vamos contigo". Eles saíram e entraram no barco, mas naquela noite não pescaram nada. Chegada a manhã, Jesus estava na praia, mas os discípulos não o reconheceram.

Jesus perguntou: "Moços, tendes alguma coisa para comer?" Eles responderam: "Não". Jesus lhes disse: "Lançai a rede à direita do barco e achareis". Lançaram pois a rede, e foi tão grande a quantidade de peixes que não podiam arrastá-la. O discípulo a quem Jesus amava disse então a Pedro: "É o Senhor". Assim que Pedro ouviu que era o Senhor, vestiu a roupa – pois estava nu – e se jogou na água. Os outros discípulos vieram de barco – pois não estavam distantes da terra senão uns cem metros – puxando a rede com os peixes. Assim que desceram à terra, viram brasas acesas e um peixe sobre elas e pão. Jesus lhes disse: Trazei alguns dos peixes que apanhastes agora". Simão Pedro subiu ao barco e arrastou a rede para a terra com cento e cinquenta e três grandes peixes. Apesar de serem tantos, a rede não se rompeu. Jesus lhes disse: "Vinde comer". Nenhum dos discípulos se atreveu a perguntar-lhe: "Quem és tu?", sabendo que era o Senhor. Jesus aproximou-se, tomou o pão e deu a eles, e também o peixe. Esta foi a terceira vez que Jesus apareceu aos discípulos, depois de ressuscitado dos mortos.

Quando acabaram de comer, Jesus disse a Simão Pedro: "Simão, filho de João, tu me amas mais do que estes?" Ele respondeu: "Sim, Senhor, Tu sabes que te amo". Jesus disse: "Apascenta os meus cordeiros". Jesus perguntou pela segunda vez: "Simão, filho de João, tu me amas?" Pedro respondeu: "Sim, Senhor, Tu sabes que te amo". Jesus lhe disse: "Apascenta minhas ovelhas". Pela terceira vez Jesus perguntou: "Simão, filho de João, tu me amas?" Pedro ficou triste por lhe ter perguntado três vezes 'tu me amas?' e respondeu: "Senhor, Tu sabes tudo, sabes que eu te amo". Disse-lhe Jesus: "Apascenta minhas ovelhas. Na verdade eu te digo: quando eras jovem, tu te vestias para ir aonde querias. Quando envelheceres, estenderás as mãos e será outro que as amarrará e te levará para onde não queres". Disse isto para indicar com que morte Simão haveria de glorificar a Deus. Dito isto, acrescentou: "Segue-me!" (Jo 21,1-19).

SEM JESUS NÃO É POSSÍVEL

O encontro de Jesus ressuscitado com seus discípulos junto ao mar de Tiberíades foi descrito com clara intenção catequética. No relato é sublinhado o simbolismo central da pesca no meio do mar. Sua mensagem não pode ser mais atual para os cristãos: só a presença de Jesus ressuscitado pode dar eficácia ao trabalho evangelizador de seus discípulos.

O relato nos descreve, em primeiro lugar, o trabalho que os discípulos fazem na escuridão da noite. Tudo começa com uma decisão de Simão Pedro: "Eu vou pescar". Os outros discípulos aderem a Ele: "Também nós vamos contigo". Estão de novo juntos, mas falta Jesus. Saem a pescar, mas não embarcam escutando seu chamado, mas seguindo a iniciativa de Simão Pedro.

O narrador deixa claro que este trabalho foi feito de noite e que deu em nada: "Naquela noite não pescaram nada". A "noite" significa na linguagem do evangelista a ausência de Jesus, que é a Luz. Sem a presença de Jesus ressuscitado, sem seu sopro e sua palavra orientadora, não há evangelização fecunda.

Com a chegada do amanhecer Jesus se faz presente. Da margem se comunica com os seus por meio de sua Palavra. Os discípulos não sabem que é Jesus. Só o reconhecerão quando, seguindo docilmente suas indicações, conseguem uma pesca surpreendente. Aquilo só pode ser atribuído a Jesus, o Profeta que um dia os chamou a ser "pescadores de homens".

A situação de não poucas paróquias e comunidades cristãs é crítica. As forças diminuem. Os cristãos mais comprometidos se multiplicam para abarcar todo tipo de tarefas: sempre os mesmos e os mesmos para tudo. Será que devemos continuar intensificando nossos esforços e buscando o rendimento a qualquer preço, ou devemos deter-nos a cuidar melhor da presença viva do Ressuscitado em nosso trabalho?

Para difundir a Boa Notícia de Jesus e colaborar eficazmente em seu projeto, o mais importante não é "fazer muitas coisas", mas cuidar melhor da qualidade humana e evangélica do que fazemos. O decisivo não é o ativismo, mas o testemunho de vida que nós cristãos podemos irradiar.

Não podemos permanecer na "epiderme da fé". São momentos de cuidar, antes de tudo, do essencial. Enchemos nossas comunidades de palavras, textos e escritos, mas o decisivo é que entre nós se escute a Jesus. Fazemos muitas reuniões, mas o mais importante é a que nos congrega cada domingo para celebrar a ceia do Senhor. Só nele se alimenta nossa força evangelizadora.

TU ME AMAS?

Esta pergunta que o Ressuscitado dirige a Pedro lembra a todos nós que nos dizemos crentes que a vitalidade da fé não é um assunto de compreensão intelectual, mas de amor a Jesus Cristo.

É o amor que permite a Pedro entrar numa relação viva com Cristo ressuscitado e que também pode introduzir-nos no mistério cristão. Quem não ama, dificilmente pode "entender" algo sobre a fé cristã.

Não devemos esquecer que o amor brota em nós quando começamos a abrir-nos a outra pessoa, numa atitude de confiança e entrega que vai sempre além de razões, provas e demonstrações. De alguma maneira, amar é sempre "aventurar-se" no outro.

É o que acontece também na fé cristã. Eu tenho razões que me convidam a crer em Jesus Cristo. Mas, se o amo, não é em última análise pelos dados que me proporcionam os investigadores, nem pelas explicações que me oferecem os teólogos, mas porque Ele desperta em mim uma confiança radical em sua pessoa.

Mas não é só isto. Quando amamos realmente uma pessoa concreta, pensamos nela, queremos encontrá-la, escutá-la e sentir-nos perto dela. De alguma maneira, toda nossa vida fica inspirada e transformada por ela, por sua vida e seu mistério.

A fé cristã é "uma experiência de amor". Por isso, crer em Jesus Cristo é muito mais do que "aceitar verdades" sobre Ele. Cremos realmente quando experimentamos que Ele vai se convertendo no centro de nosso pensar, nosso querer e todo nosso viver. Um teólogo tão pouco suspeito de frivolidades como Karl Rahner não duvida em afirmar que só podemos crer em Jesus Cristo "na suposição de que queiramos amá-lo e tenhamos ânimo para abraçá-lo".

Este amor a Jesus não reprime nem destrói nosso amor às pessoas. Ao contrário, é justamente esse amor que pode dar-lhe sua verdadeira profundidade, libertando-o da mediocridade e da mentira. Quando se vive em comunhão com Cristo, é mais fácil descobrir que isso que chamamos "amor", muitas vezes não é senão o "egoísmo sensato e calculista" de quem sabe comportar-se habilmente, sem nunca arriscar-se a amar com generosidade total.

A experiência do amor a Cristo pode dar-nos forças para amar inclusive sem esperar sempre algum ganho ou para renunciar – pelo menos alguma vez – a pequenas vantagens, para servir melhor a quem precisa de nós. Talvez algo realmente novo aconteceria em nossa vida, se fôssemos capazes de escutar com sinceridade a pergunta do Ressuscitado: "Tu me amas?"

Qualquer um não serve

Depois de comer com os seus à margem do lago, Jesus inicia uma conversa com Pedro. O diálogo foi cuidadosamente trabalhado, pois tem como objetivo lembrar algo de grande importância para a comunidade cristã: entre os seguidores de Jesus só está capacitado a ser guia e pastor quem se distingue por seu amor a Ele.

Não houve ocasião em que Pedro não tivesse manifestado sua adesão absoluta a Jesus, acima dos demais. No entanto, na hora da verdade, é ele o primeiro a negá-lo. O que há de verdade em sua adesão? Pode ele ser guia e pastor dos seguidores de Jesus?

Antes de confiar-lhe seu "rebanho", Jesus lhe faz a pergunta fundamental: "Tu me amas mais do que estes?" Não lhe pergunta: "Tu te sentes com forças? Conheces bem minha doutrina? Tu te vês capacitado para governar os meus?" Não. É o amor a Jesus que capacita para animar, orientar e alimentar seus seguidores, como Ele o fazia.

Pedro lhe responde com humildade e sem comparar-se com ninguém: "Tu sabes que eu te amo". Mas Jesus lhe repete mais duas vezes sua pergunta, de maneira cada vez mais incisiva: "Tu me amas? Me amas de verdade?" A insegurança de Pedro vai crescendo. Cada vez se atreve menos a proclamar sua adesão. Por fim se enche de tristeza e já não sabe o que responder: "Tu sabes tudo, sabes que eu te amo".

À medida que Pedro vai tomando consciência da importância do amor, Jesus vai lhe confiando seu rebanho para que cuide, alimente e comunique vida a seus seguidores, a começar pelos mais pequenos e necessitados: os "cordeiros".

Frequentemente os hierarcas e pastores são relacionados só com a capacidade de governar com autoridade, ou de pregar com garantia a verdade. No entanto, há adesões a Cristo, firmes, seguras e absolutas que, vazias de amor, não capacitam para cuidar e guiar os seguidores de Jesus.

Poucos fatores são mais decisivos para a conversão da Igreja que a conversão dos hierarcas, bispos, sacerdotes e dirigentes religiosos ao amor a Jesus. Somos nós os primeiros que temos de ouvir sua pergunta: "Tu me amas mais do que estes? Amas meus cordeiros e minhas ovelhas?"

Alguém nos espera

O verdadeiro e decisivo problema que a humanidade tem levantado é "o problema do futuro". O que vai ser de todos e de cada um de nós? O que vai ser de mim mesmo, de minha família, de meus projetos e minhas aspirações? O que vai ser de meus filhos, de meu povo, da humanidade inteira? Em que vão terminar nossas lutas, trabalhos e esforços?

São muitos os que, sentindo-se "homens de mente moderna", rejeitam a esperança cristã como pura mitologia desprovida de todo valor. Utopias fantásticas próprias de uma época ainda não iluminada pela razão.

Os pensadores marxistas pretendem ensinar-nos a viver num outro realismo, sem fixar nosso olhar em ilusões vazias e enganosas. Temos que aceitar com resignação nossa própria morte individual. O importante é que a sociedade continua: é no progresso e no desenvolvimento dessa sociedade sempre melhor que devemos colocar nossa esperança. Assim escreve o marxista tcheco V. Gardaysky: "Minha morte é para mim o fim das esperanças, apesar disso constitui uma esperança pura fazer alguma coisa para a sociedade". A morte é a derrota pessoal de cada indivíduo, mas, graças à contribuição de cada um, a sociedade progride e caminha com esperança para o futuro.

Talvez não faltem os que, sem serem marxistas, têm uma concepção da morte bem semelhante à deste pensador. Mas, será que assim se resolve o problema de nosso futuro? É essa toda a esperança que podemos ter?

O que dizer então de todos que sofreram no passado e morreram sem ver cumpridas as suas esperanças? O que dizer de nós mesmos que, dentro de algum tempo, vamos fazer parte desse número de pessoas que não viram realizados os seus anseios infinitos de felicidade?

Temos que abandonar ao desespero e ao absurdo todos os fracos, os vencidos, os deficientes, os enfermos e todos os que não podem contribuir para o progresso da sociedade, porque não pertencem à elite daqueles que empurram a história para um futuro mais feliz?

Mas, além disso, será que podemos ter a certeza de que a sociedade está progredindo para esse mundo feliz que o ser humano busca como verdadeira Pátria? Este mundo, cada vez mais dominado pelo poder humano, será que é um mundo cada vez mais livre de ameaças? Não se vislumbra, às vezes com mais clareza, a possibilidade de um final catastrófico, em vez de uma consumação feliz?

Nós cristãos cremos que, quando se desvanece a esperança na salvação de Deus, o mundo não se enriquece, mas se esvazia de sentido e fica privado de horizonte. Nós nos atrevemos a crer que só Cristo ressuscitado, em quem Deus nos abriu uma esperança definitiva de futuro, pode proteger-nos do desespero, do vazio, do sem-sentido e da frustração final.

Por isso, enquanto nos cansamos "no meio do mar" da vida, temos nosso olhar voltado para este Ressuscitado que nos espera "na margem" para convidar-nos a saciar finalmente toda nossa fome de felicidade: "Vinde comer".

O GESTO FINAL

Durante muitos anos, Jean-Paul Sartre foi na Europa o pregador mais ouvido do existencialismo ateu. A mensagem de seu ateísmo calou profundamente nas gerações do pós-guerra: Deus não existe. O homem está só, lançado neste mundo absurdo, prisioneiro de sua própria liberdade, e acaba desembocando no "nada" final.

Segundo Sartre, é absurdo que tenhamos nascido, e é absurdo que morramos. O ser humano não é mais do que "uma paixão inútil", e a morte, um fato brutal e absurdo que nos converte em "despojo dos sobreviventes". Este é o resultado de sua devastadora análise.

Mas no fim de sua vida, e depois de um intenso contato com seu amigo judeu Benny Levy, crente em Deus, escrevia assim em *Le Nouvel Observateur*, de Paris (março de 1980): "Eu me sinto não como um pó que apareceu no mundo, mas como um ser esperado, provocado, prefigurado, como um ser que não parece poder vir senão de um Criador, e esta ideia de uma mão criadora que me tivesse criado me remete para Deus".

É claro que seus amigos mais próximos protestaram vivamente. Simone de Beauvoir falou de um Sartre enfermo e acabado, fatigado, influenciável e sem lucidez. Mas o fato é de grande importância. O representante máximo de um ateísmo desesperador parece ter preferido, no final, abrir-se ao mistério e não permanecer encerrado no absurdo.

Chegou agora às minhas mãos um artigo do pensador francês Jean Guitton, em *Le Figaro*, onde comenta assim o gesto de Sartre: "Como vamos interpretar as palavras da última hora, do último momento, quando, libertado de seu "personagem", reduzido exclusivamente à sua pessoa, se é, por fim, si mesmo?... Eu me inclino diante do último gesto de Jean-Paul Sartre. Vejo neste gesto o rastro de uma valentia soberana que nos permite desmentir-nos para acabar-nos eternamente".

Lembrei-me do autor de *O ser e o nada* ao ler de novo o maravilhoso relato do evangelista João. Nós, seres humanos, frequentemente nos sentimos pescadores que se cansam trabalhando "de noite" e sem pescar "nada". É fácil sentir então a tentação de que a vida é "uma paixão inútil". Esquecemos que nos espera, a todos nós, esse Cristo que vive ressuscitado na margem da vida eterna.

É bom que, antes de fechar os olhos e despedir-nos deste mundo, saibamos desmentir-nos de nossos erros e estupidez, para abrir-nos humildemente ao mistério santo de um Deus que nos espera, ainda que junto de nós haja pessoas que nos chamem de fracos, covardes ou cegos.

ÍNDICE LITÚRGICO

CICLO A (MATEUS)
Natal
Natividade do Senhor. O rosto humano de Deus (1,1-18), 17

Quaresma
3º Domingo. Jesus e a samaritana (4,5-42), 73
4º Domingo. Olhos novos (9,1-41), 125
5º Domingo. Chorar e confiar (11,1-45), 163

Páscoa
Domingo da Ressurreição. Mistério de esperança (20,1-9), 237
2º Domingo. Não sejas incrédulo (20,19-31), 253
4º Domingo. A porta (10,1-10), 139
5º Domingo. Jesus é o Caminho (14,1-12), 189
Domingo de Pentecostes. Sopro de vida (20,19-23), 245
Santíssima Trindade. Deus ama este mundo (3,14-21), 65

Tempo Comum
2º Domingo. Batizados por Jesus (1,29-34), 33

CICLO B (MARCOS)
Advento
3º Domingo. Testemunha da Luz (1,6-8.19-28), 25

Natal
Natividade do Senhor. O rosto humano de Deus (1,1-18), 17

Quaresma
3º Domingo. Indignação de Jesus (2,13-25), 57
4º Domingo. Deus ama este mundo (3,14-21), 65
5º Domingo. Atraídos por Jesus (12,20-33), 173

Páscoa
Domingo da Ressurreição. Mistério de esperança (20,1-9), 237
2º Domingo. Não sejas incrédulo (20,19-31), 253
4º Domingo. Bom Pastor (10,11-18), 147
5º Domingo. Permanecer em Jesus (15,1-8), 213
6º Domingo. Permanecer em seu amor (15,9-17), 221
Domingo de Pentecostes. Sopro de vida (20,19-23), 245

Tempo Comum
2º Domingo. O que buscais? (1,35-42), 41
17º Domingo. Compartilhar o pão (6,1-15), 83
18º Domingo. Crer em Jesus (6,24-35), 91
19º Domingo. Atração por Jesus (6,41-52), 99
20º Domingo. Alimentar-nos de Jesus (6,51-59), 107
21º Domingo. A quem iremos? (6,61-70), 115

CICLO C (LUCAS)
Quaresma
5º Domingo. Amigo da mulher (8,1-11), 123

Páscoa
Domingo da Ressurreição. Mistério de esperança (20,1-9), 237

2º Domingo. Não sejas incrédulo (20,19-31), 253
3º Domingo. Tu me amas? (21,1-19), 261
4º Domingo. Retornar a Jesus (10,27-30), 155
5º Domingo. Nossa identidade (13,31-35), 181
6º Domingo. A paz de Jesus (14,23-29), 205
Domingo de Pentecostes. Sopro de vida (20,19-23), 245

Tempo Comum
2º Domingo. Alegria e amor (2,1-11), 49
Cristo Rei. Testemunha da verdade (18,33-37), 229

ÍNDICE TEMÁTICO

Alegria. Alegria e amor, 51s.; alegria, 225s.; alegria diferente, 226s.; alegria e paz, 254s.

Amor. Alegria e amor, 51s.; o amor não se compra, 60s.; um modo de amar, 181s.; o caminho universal para Deus, 185s.; mais do que um dever, 186s.; não desviar-nos do amor, 221s.; do medo do amor, 222-224; ao modo de Jesus, 224s.; tu me amas?, 263s.

Cruz. Fixar os olhos no Crucificado, 65-67; atraídos pelo Crucificado, 175s.; uma lei paradoxal, 176s.; não se ama impunemente, 177s.

Deus. O rosto humano de Deus, 18s.; Deus entre nós, 20s.; não ficarmos de fora, 21s.; sem lugar para Deus, 61s.; Deus ama o mundo, 67s.; Deus é de todos, 68s.; Deus não está em crise, 157s.; o novo rosto de Deus, 240s. Cf. tb. *Encontro com Deus.*

Encarnação de Deus. O rosto humano de Deus, 18s.; recuperar a Jesus, 19s.; Deus entre nós, 20s.

Encontro com Deus. Não ficarmos de fora, 21s.; viver sem acolher a Luz, 22s.; abrir-nos ao Mistério de Deus, 69s.; o cristão diante de Deus, 70-72; o diálogo com a samaritana, 75s.; se conhecesses o dom de Deus, 77s.; sugestões para encontrar-nos com Deus, 96s.; escutar a voz de Deus na consciência, 100s.; não se improvisa, 143s.; o caminho universal para Deus, 185s.; sabemos o caminho, 191s.; a arte de viver a partir do Espírito de Deus, 202s.; do medo do amor, 222-224; buscar a Deus de novo, 231s. Cf. tb. *Deus; Fé*.

Esperança. Nostalgia de eternidade, 95s.; nossa esperança, 165s.; chorar e confiar, 166s.; mistério de esperança, 242s.; alguém nos espera, 266s.; o gesto final, 267s. Cf. tb. *Ressurreição*.

Espiritualidade. Deixar-nos batizar pelo Espírito de Jesus, 34s.; o batismo do Espírito, 35-37; amar a vida, 37s.; não afastar-nos da verdade, 200s.; temos um defensor, 201s.; a arte de viver a partir do Espírito de Deus, 202s.; sopro de vida, 238s.: barro animado pelo Espírito, 248s.; acolher a vida, 249s.; abertos ao Espírito, 250s.

Eucaristia. Compartilhar o pão, 83s.; a Eucaristia como ato social, 87s.; Eucaristia e crise econômica, 88s.; experiência decisiva, 107s.; cada domingo, 108s.; o decisivo é ter fome, 109s.; pão e vinho, 111s.; o novo domingo, 112s.

Evangelizar. Aplainar o caminho para Jesus, 28s.; linguagem de gestos, 49-51; olhos novos, 135s.; abrir as portas, 256s.; sem Jesus não é possível, 262s. Cf. tb. *Testemunhas*.

Fé. A experiência do crente, 45s.; fazer-nos mais cristãos, 46s.; não sabemos saborear a fé, 79-81; não é o normal, 101-103; por que permanecemos?, 115s.; também vós quereis ir embora?, 118s.; viver as dúvidas com sinceridade, 120s.; caminhos para a fé, 133s.; buscar a luz, 136s.; acertar a porta, 139s., encontro pessoal com Cristo, 217s.; fé estéril, 218s.; não sejas incrédulo, mas crente, 257s.; percurso para a fé, 258s. Cf. tb. *Fé em Jesus*.

Fé em Jesus. O primeiro, 33s.; deixar-nos batizar pelo Espírito de Jesus, 34s.; o batismo do Espírito, 35-37; o que buscamos em Jesus?, 44s.; a experiência do crente, 45s.; fazer-nos mais cristãos, 46s.; vinho bom, 52s.; um templo novo, 63s.; o coração do cristianismo, 91s.; como crer em Jesus, 93; atração por Jesus, 99s.; a quem iremos?, 119s.; caminhos para a fé, 133s.; ouvir a voz de Jesus, 142s.; a necessidade de um guia, 152s.; retornar a Jesus, 155s.; escutar sua voz e seguir seus passos, 156s.; Amigo e Mestre, 159-161; atraídos por Jesus, 173-175; atraídos pelo Crucificado, 175s.; não deveis ficar sem Jesus, 189-191; sabemos o caminho, 191s.; crer em Jesus, o Cristo, 194s.; não estamos órfãos, 197s.; viver na verdade de Jesus, 198s.; não separar-nos de Jesus, 215s.; não permanecermos sem seiva, 216s.; encontro pessoal com Cristo, 217s.; fé estéril, 218s.; não desviar-nos do amor, 221s.; não sejas incrédulo, mas crente, 257s.; tu me amas?, 263s. Cf. tb. *Seguimento de Jesus*.

Igreja. Algo não vai bem na Igreja?, 76s.; mudar, 126s.; para uma maior comunicação, 151s.; não governar, mas dar vida, 158s.; não perder a identidade, 182s.; comunidade de amizade, 183s.; seguir o caminho de Jesus, 193s.; a paz na Igreja, 206-208; sopro de vida, 245s.; novo começo, 246s.; barro animado pelo Espírito, 248s.; alegria e paz, 254s.; viver de sua presença, 255s.; abrir as portas, 256s.; qualquer um não serve, 265s. Cf. *Jesus*.

Jesus. aplainar o caminho para Jesus, 28s.; Desconhecido, 30s.; a indignação de Jesus, 57-59; a religião de Jesus, 78s.; amigo da mulher, 123s.; em defesa da mulher, 125s.; o único que não condena, 127s.; Jesus é para os excluídos, 134s.; testemunha da verdade, 138; Jesus é a porta, 141s.; o Bom Pastor, 149s.; Amigo e Mestre, 159-161; um modo de amar, 181s. Cf. tb. *Fé em Jesus*.

Matrimônio. Casar-se, 54s.

Morte. Acompanhar até o final, 104s.; chorar e confiar, 166s.; nossos mortos vivem, 167s.; mais queridos do que nunca, 169-171. Cf. tb. *Ressurreição*.

Mulher. Amigo da mulher, 123s.; em defesa da mulher, 125s.; mudar, 126s.

Paz. O grande dom de Jesus, 205s.; a paz na Igreja, 206-208; uma cultura da paz, 208s.; alegria e paz, 254s.

Pecado. Abandonar o pecado, 38s.; nosso grande pecado, 84s.

Religião. Que religião é a nossa?, 59s.; um templo novo, 63s.; a religião de Jesus, 78s.; o que é o cristianismo?, 192s.

Ressurreição. Chorar e confiar, 166s.; nossos mortos vivem, 167s.; uma porta aberta, 168s.; mais queridos do que nunca, 169-171; mistério de esperança, 242s.

Ressurreição de Cristo. Onde buscar aquele que vive?, 237s.; Jesus tinha razão, 239s.; o novo rosto de Deus, 240s.; as cicatrizes do Ressuscitado, 241s.; mistério de esperança, 242s. Cf. tb. *Esperança*.

Seguimento de Jesus. Seguir a Jesus, 41s.; aprender a viver, 43s.; o que buscamos em Jesus?, 44s.; escutar sua voz e seguir seus passos, 156s.; seguir o caminho de Jesus, 193s., ao modo de Jesus, 224s. Cf. tb. *Fé em Jesus*.

Sociedade. Falta vinho, 53s.; não basta o efêmero, 94; não dá no mesmo, 209s.; pessoas empobrecidas, 210s.

Solidariedade. Nosso grande pecado, 84s.; responsáveis, 86s.; Eucaristia e crise econômica, 88s.

Testemunhas. Testemunhas da luz, 25s.; no meio do deserto, 27s.; aplainar o caminho para Jesus, 28s.; testemunhas de Jesus, 29s.; testemunhas da verdade, 230s. Cf. tb. *Evangelizar*.

Verdade. Viver na verdade de Jesus, 198s.; não afastar-nos da verdade, 200s.; diante da testemunha da verdade, 229s.; testemunhas da verdade, 230s.; com verdade, 233s.; contra a mentira, 234s.

Vida. Aprender a viver, 43s.; saber viver, 103s.; o mandamento de viver, 144s.; no cotidiano, 150s.; acolher a vida, 249s.